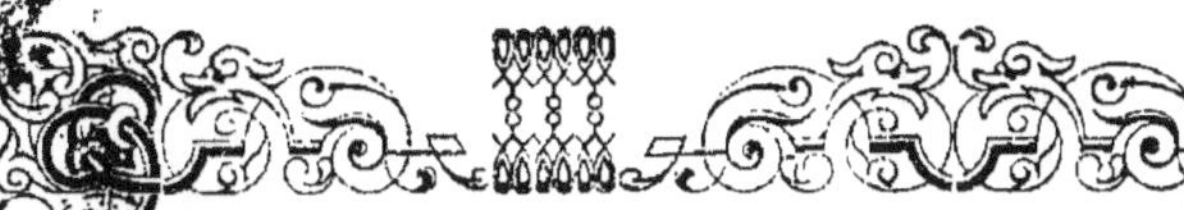

LA COUR DU ROI DAGOBERT

RÉCITS ET LÉGENDES

DES TEMPS MEROVINGIENS

PAR J. COLLIN DE PLANCY

CINQUIÈME ÉDITION

SOCIÉTÉ DE SAINT-VICTOR POUR LA PROPAGATION DES BONS LIVRES

PARIS

LIBRAIRIE CENTRALE DE LA SOCIÉTÉ
RUE DE TOURNON, N° 16

PLANCY

SIÈGE, DIRECTION, IMPRIMERIE ET
LIBRAIRIE DE LA SOCIÉTÉ

ARRAS. — Même Maison, rue Ernestale, 289

1854

LÉGENDES DE L'HISTOIRE DE FRANCE

LA COUR DU ROI DAGOBERT

PÉRIODE MÉROVINGIENNE

LÉGENDES DE L'HISTOIRE DE FRANCE

LA COUR DU ROI DAGOBERT

PÉRIODE MÉROVINGIENNE

Ces récits et légendes ont été approuvés le 14 janvier 1846, par monseigneur Affre, archevêque de Paris, avec d'autres légendes de l'histoire de France.

Sentence du pape Agapet, pag. 54.

LA COUR
DU
ROI DAGOBERT

RÉCITS ET LÉGENDES

DES TEMPS MÉROVINGIENS

PAR J. COLLIN DE PLANCY

CINQUIÈME ÉDITION

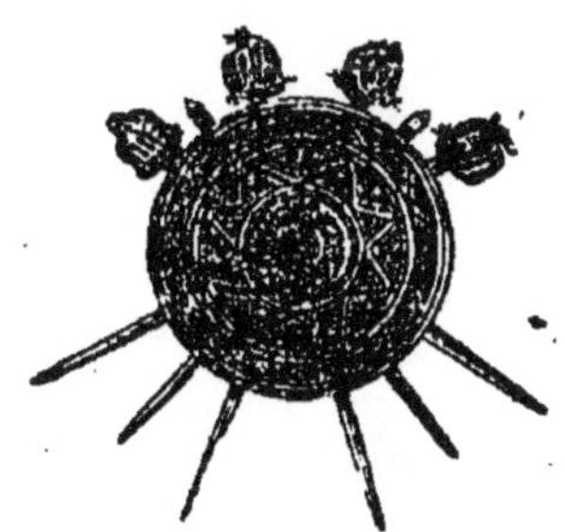

Société de Saint-Victor pour la propagation des Bons Livres

PARIS	PLANCY
LIBRAIRIE CENTRALE DE LA SOCIÉTÉ RUE DE TOURNON, n° 16	SIÉGE, DIRECTION, IMPRIMERIE ET LIBRAIRIE DE LA SOCIÉTÉ

1854

Plancy. Typ. de la Société de Saint-Victor. — J. COLLIN, imp.

Emergarte, mère de Lydéric, pag. 67.

LA COUR
DU ROI DAGOBERT

> L'autre qui vient en magnifique arroi,
> Qui de maintien représente un grand roi,
> C'est Dagobert, fleur de chevalerie.
>
> RONSARD.

On s'est élevé plusieurs fois contre les parodies vulgaires et les faciles abus de l'esprit qui, travestissant en risées les choses les plus positives, dénaturent l'histoire et font un jouet d'un grave personnage. A côté de La Palice, que M. Edmond Lachamp a si bien vengé, de Carmagnole, de La Ramée et de Janot, que Michel Masson a relevés avec tant d'esprit, il faut citer une illustration non moins remarquable, le bon roi Dagobert, cruellement déformé par sa chanson. Aussi nous pensons qu'il y aura de l'intérêt, pour tout lecteur curieux, dans la légende qui suit, et dont les détails ont été exactement recueillis sur les documents originaux, les chroniques contemporaines, les monuments et les traditions fondées. La vie de saint Eloi, par Audoenus (saint Ouen), a été surtout amplement mise à profit. Mais les légendes de Lydéric de Bucq et de la princesse Notburge n'ont pas pour appui des autorités aussi sérieuses ; elles sont le résumé des annalistes du moyen âge et des traditions populaires, françaises et allemandes.

I

COUR PLÉNIÈRE A CLICHY

Le lundi de Pâques de l'année 636, il y avait cour plénière au palais de Clichy, près Paris : c'était le manoir préféré du roi Dagobert. Ce monarque, ami du luxe et des arts, avait orné avec profusion sa royale demeure, dont il ne reste pas de vestiges. A l'occasion du concile qui se tenait alors à Clichy, il donnait une fête aux princes ses alliés, il y recevait ses leudes, et il avait annoncé qu'il ferait justice à tous.

Les portes du palais étaient ouvertes ; deux hommes s'y présentèrent : l'un venait de la Flandre et l'autre de la rive droite du Rhin ; ils s'étaient rencontrés à Tournay et se rendaient à la cour pour des motifs différents. Ils avaient tous deux ce costume de guerre qui, dans la suite, marqua les chevaliers. Ils portaient la cuirasse d'airain, les cuissarts et les épaulières en lames ; leurs chausses étaient de mailles de fer ; un pareil tissu couvrait leurs bras, et le casque d'acier resplendissait sur leurs têtes. Le Flamand portait pour cimier une crinière fauve comme celle d'un lion, le Germain un oiseau de proie, en bois sculpté et peint de vives couleurs rehaussées d'or.

Toute la cour, qui était nombreuse, sortait de la chapelle, où elle venait d'entendre la messe, et se rendait, pour le dîner, à la salle du festin. Comme on jugeait, à la mine des deux guerriers, qu'ils ne seraient pas déplacés dans la brillante réunion de Clichy, Baldéric, l'affranchi du premier ministre, vint les inviter à se mettre à table, sans d'abord leur demander qui ils étaient, selon l'ancienne coutume.

Baldéric, pour leur faire convenablement les honneurs, se plaça à leurs côtés et les servit.

Il y avait cent vingt siéges, qui se remplissaient assez vite.

— Je vous avoue, dit le Flamand à l'affranchi, que je serai fier d'avoir vu ce roi si renommé qui commande aux Francs jusqu'à la Loire, et aux peuples des Pays-Bas jusqu'au Rhin.

— Pour moi, ajouta le Germain, l'homme qui excite surtout ma curiosité, c'est le ministre : je vous prierai de me le désigner dès qu'il paraîtra

— Vous n'attendrez pas longtemps, dit Baldéric, car le voici.

Et les regards scrutateurs du Germain se fixèrent sur un personnage de haute taille, au visage vermeil, à la figure belle et douce, au regard simple et spirituel. Il avait une magnifique chevelure qui frisait naturellement, mais qui ne descendait pas plus bas que les épaules, les princes du sang royal ayant seuls le droit de laisser croître leurs cheveux dans tout leur développement. Il avait les mains agréables, les doigts déliés, comme un homme qui exerce un art manuel ; il était vêtu d'une longue robe d'étoffe brune, avec une ceinture de cuir noir, à laquelle pendait une aumônière de lin à petits carreaux de plusieurs couleurs.

— Eh quoi ! dit l'étranger, sous un habit si modeste, c'est là le grand homme ?

Car cet homme était le fils d'Eucher et de Théorigie, le sage Eligius, que nous appelons saint Eloi.

— N'en soyez pas surpris, dit l'affranchi ; le ministre vit maintenant dans les exercices d'une extrême piété ; ce qui ne l'empêche pas de surveiller attentivement tous les besoins de l'Etat. Mais on l'a vu plus mondain. Il y eut un temps où il portait de riches vêtements tout couverts de dorures, des ceintures rehaussées d'or et de pierres précieuses, d'élégantes aumônières parsemées de broderies, avec les cordons tissus de fil d'or; quelquefois même il était entièrement habillé de soie.

Mais, poursuivit Baldéric en se tournant vers le Flamand, voici le roi.

Dagobert entrait, magnifiquement vêtu, portant sur sa tête un petit diadème d'or sur la longue chevelure des rois. Il avait trente cinq ans. Sa figure gracieuse était un peu fanée par les plaisirs et vieillie par les passions ; ses longs cheveux châtains étaient réunis en huit tresses, dont deux seulement tombaient sur la poitrine ; les six autres flottaient sur le dos ; dans chaque tresse, les cheveux étaient mêlés de rubans de couleurs diverses et retenus en bas par de petites agrafes d'or.

Le roi s'assit ; et tout le monde ayant pris place à table, après que le plus ancien des prélats du concile eut béni le repas, on distribua les potages, ce vieux mets des Gaules que les Francs avaient adopté. Puis on servit des jambons étuvés, des agneaux rôtis et d'autres mets où les ragoûts n'étaient pas en majorité.

L'honnête Baldéric faisait connaître à ses

hôtes tous les personnages du festin. A côté du roi était à droite une femme gracieuse : à sa douce figure on reconnaissait Nantilde, cette simple jeune fille qu'il avait faite reine.

A gauche était un vieux prince à la mine sauvage ; il portait une couronne ouverte : c'était Judicaël, roi des Bretons. Il avait amené avec lui Alain, son fils, qui devait lui succéder, long jeune homme à qui sa taille occasionna le sobriquet qui la désignait [1]. Judicaël avait quitté le cloître pour envahir sur son frère aîné le duché de Bretagne : il venait réclamer pour lui et pour son fils l'appui du grand roi et lui faire hommage.

A la suite, on remarquait le vieux duc des Gascons, Amand, allié à la famille royale ; car il avait donné sa fille en mariage au prince Charibert, frère du roi des Francs. Charibert, en son vivant, avait gouverné l'Aquitaine : il laissait deux fils, Bertrand et Boggis, neveux de Dagobert, âgés de neuf à dix ans. Le vieux duc Amand, leur grand-père, les avait amenés à la table du roi. Ils devaient aussi, en prêtant ser-

[1] Alain-le-Long.

ment de fidélité, recevoir l'investiture de leurs parts dans l'héritage de leur père.

En face du roi étaient le vénéré Peppin de Landen, maire du palais, et le ministre Eloi.

Pendant le dîner, qui fut long, Baldéric raconta au curieux étranger quelques histoires alors récentes. Les chroniques qui nous guident les exposant d'une manière très sommaire, nous croyons devoir les rapporter ici plus complètement. Le premier de ces récits est une vieille légende bretonne, qui touchait de près les ancêtres de Judicael.

II

LA FILLE DU ROI GRALON

> Malgré qu'il soit boiteux, le châtiment va vite,
> Et le crime qui fuit, très rarement l'évite.
>
> PHÈDRE.

Nous connaissons peu le bon roi Gralon, qui régnait sur une contrée de la Bretagne, à la fin du quatrième siècle ; et ceux à qui on parlerait de la superbe ville d'Is seraient, comme disait Montaigne, fort empêchés de la trouver. Hélas! on ne montre plus que ses ruines bien confuses, à la Pointe-de-la-Chèvre, dans le Finistère.

Mais, avant le grand événement dont la tradition n'a pas péri, la ville d'Is était une Babylone. Toute espèce de luxe et de débauche régnait dans la vaste cité, que la foi n'avait pu régénérer encore. Les travaux apostoliques de saint Guénolé et de saint Corentin échouaient contre le turbulent désordre de cette ville coupable. Les prédications des plus saints personnages étaient vaines; le roi Gralon, qui tenait sa cour à Is, et qui dans les légendes est appelé Gralon-le-Grand, à cause de sa justice, se désolait des excès de son peuple, car lui, dans son bon sens, il avait accueilli la vérité; et il était devenu chrétien. Sa fille, la belle princesse Dahut[1], ne suivait guère ses traces; on la voyait à la tête de toutes les réunions condamnées, livrée aux plaisirs et à l'oubli de Dieu, sans prévoir que l'heure du châtiment approchait.

Un jour, pendant que les danses, la musique, les festins et les spectacles enivraient les habitants de la malheureuse ville, la mer se gonfla tout à coup, et saint Guénolé vint trouver le faible et doux monarque :

[1] D'autres l'appellent Ahés, et disent qu'elle avait pour domaine Ker-Ahés, aujourd'hui Carhaix.

— Prince, dit-il à Gralon, le Ciel est irrité, la mer monte, la cité d'Is va disparaître sans doute; partez.

Docile à une voix qu'il révérait, le roi monta à cheval. Mais il voulait sauver sa fille. Les eaux menaçantes et les vents déchaînés en ce moment avaient saisi les coupables d'une épouvante subite. Dahut, se réfugiant sous l'appui de son père, effrayée, mais non convertie, se jeta en croupe derrière lui, et le roi s'élança.

Aussitôt qu'il eut franchi les remparts de la ville, il vit en se retournant son palais et ses tours engloutis. Les flots en même temps pressaient son cheval, qui bientôt n'eut plus la force de lutter contre eux. La légende ajoute qu'alors une voix lui cria : Prince, si tu veux te sauver, secoue le diable qui est derrière toi sur la croupe de ton cheval.

Le prince fit un mouvement d'horreur; ce mouvement précipita Dahut dans les vagues, où elle se noya, en un lieu que toute la contrée montre encore et qui a retenu le nom de Poul-Dahut.

La tempête cessa aussitôt; le ciel devint serein.

Mais, depuis ce moment, le vaste bassin sur lequel s'étendait la ville d'Is demeura occupé par les eaux. C'est la baie de Douarnenez.

« On m'a fait voir, ajoute Cambry [1], sur le rivage, près de Ris, un monument irréfutable de ce terrible événement. C'est un rocher qu'on nomme Garrec, sur lequel est empreint le pied du cheval de Gralon.... Les habitants disent encore qu'on voit presque toujours sur ce rocher les âmes du roi Gralon et de la malheureuse princesse sous la forme de corbeaux, qui disparaissent à l'œil de ceux qui s'en approchent[2]... »

L'histoire du lac de Grand-Lieu, le plus grand lac de France, semble une copie de cette légende,

[1] *Voyage dans le Finistère*, tome II, p. 285.

[2] Une autre tradition, recueillie par M. d'Anglemont, raconte différemment cette grande catastrophe. « Is, bâtie sur une plage sablonneuse très basse, était une conquête de l'homme sur les flots, dont les irruptions la menaçaient sans cesse. Des digues et des écluses habilement construites la garantissaient toutefois des inondations. Ces écluses étaient en outre disposées de manière à préserver la ville des approches de l'ennemi. Les clés de ces écluses étaient, dit-on, déposées dans une cassette de fer dont la serrure ne s'ouvrait qu'au moyen d'une clé d'or que le roi portait continuellement à son cou. La tradition ajoute que la princesse Ahès (ou Dahut), qui avait des liaisons avec un ennemi de son père, s'était engagée à lui donner la couronne; qu'afin d'accomplir cette criminelle entreprise, elle se rendit dans la ville d'Is, accabla son père de caresses, et lui déroba la clé d'or d'où dépendaient les destinées d'un peuple; que, peu d'instants après, la mer roula sur la cité ; que la princesse fut engloutie par les flots, et que Gralon vint à Quimper pleurer sa fille et sa ville d'Is. »

quoique l'un et l'autre fait puissent très bien avoir eu leur jour. Il y avait autrefois, à la place occupée maintenant par le lac de Grand-Lieu, un vallon délicieux et fertile, qu'ombrageait la forêt de Vertave. Là, dit-on, s'étaient réfugiés les plus riches citoyens de Nantes, pour sauver leurs trésors de la rapacité des légions de César. Ils y avaient bâti une cité, que l'on nomma *Herbadilla*, à cause des prairies qui l'environnaient. Les vices des habitants attirèrent sur eux le courroux du Ciel. Un jour que saint Martin de Vertou[1], fatigué de ses courses apostoliques, se reposait chez un bonhomme d'Herbadilla, une voix lui cria : *Fidèle confesseur de la foi, éloigne-toi de la cité coupable.* C'était au sixième siècle. Saint Martin s'éloigne, et par humanité emmène son hôte. Soudain jaillissent, avec un bruit affreux, d'un gouffre profond, des eaux qui font irruption. Le vallon où s'élevait la seconde Babylone des Bretons est tout à coup submergé. A la surface de ce sépulcre liquide viennent éclater par milliers des bulles d'air, derniers soupirs de ceux qui expiraient dans

[1] Ou Vertave

l'abîme. Pour perpétuer le souvenir du châtiment, ajoute aussi la tradition populaire, le Ciel permet que l'on entende encore au fond de cet abîme les cloches de la ville engloutie [1], et que l'orage y vive familièrement. Au milieu du lac est une île, et au milieu de l'île une pierre en forme d'obélisque; cette pierre, disent les bonnes gens, ferme l'entrée du gouffre qui a vomi les eaux du lac.

L'engloutissement d'Herbadilla dans le lac de Grand-Lieu est fixé par Valois à l'année 580 ; Baillet le place en 554 [2].

— Les mœurs, il n'y a pas encore longtemps, poursuivit Baldéric, n'étaient pas aussi polies qu'aujourd'hui ; et nos annales présentent de singuliers faits.

Après cette réflexion, il s'étendit sur l'aventure qui va suivre, et que nous présentons moins crûment que nos vieux historiens :

Par un effet singulier d'acoustique, le bruit des cloches de Nantes, situées à deux heures de chemin du lac de Grand-Lieu, semble sortir du fond de ce lac; du reste, les tempêtes y sont si violentes, que grand nombre de bateaux y périssent. (Notice signée T. G. dans le *Journal des anecdotes.*)

[2] Voyez, pour des faits analogues, dans les *Légendes des Sept Péchés capitaux*, la République de Ter-Piete; et, à la suite du *Sanglier des Ardennes*, la légende de Blanckenberg.

Le roi Hermégix.

III

UN ROI FRANC DU SIXIÈME SIÈCLE

ROSLEY, dans ses *Mémoires sur la Champagne*, remarque avec raison que l'histoire moderne, avant le dixième siècle, est difficile à éclairer sur plusieurs points, parce que les Normands , dans leurs invasions, plus fins que nous le supposons, ont eu soin de détruire tous les monuments écrits sur le parchemin ou sculptés sur la pierre, afin que l'avenir, ne trouvant plus rien avant eux, les prît pour les vrais propriétaires du sol qu'ils usurpaient.

On ne découvre donc de nos vieilles annales que quelques sommités isolées, comme ces chaînes de rochers que la mer a submergés laissent voir encore des sommets devenus des écueils. Si nous n'avions pas les chroniqueurs et les légendaires, qui nous ont conservé des souvenirs altérés, mais pourtant des souvenirs, nous en serions réduits à des suppositions, qui n'auraient pas même l'autorité de ces antiques récits.

Le fait qui inspire ces réflexions n'a cependant pas besoin de ces précautions oratoires ; car il est raconté par Procope, — dans le chapitre XX de son quatrième livre de la guerre des Goths. — Les chroniques du moyen-âge sont d'accord en tout avec le grave historien ; seulement, n'écrivant pas pour nous, il est trop rapide et trop vague ; eux aux moins donnent quelques détails pris à des sources que nous n'avons plus, et posent un peu mieux les faits.

Une colonie de Francs, venue des bords de la Warna, dans la Basse-Saxe, s'était transplantée, à une époque que nous ne saurions trop préciser, vers les embouchures du Rhin. Elle s'établit d'abord entre Katwyck et La Haye, qui n'existait pas encore, donna à je ne sais quel cours d'eau le nom de Warna qui lui était cher ; et on appela cette colonie les Warniens, ou les Warnes, comme on appelait Saliens ceux qui occupaient les bords de la Sala, aujourd'hui l'Yssel.

Les Warnes, pressés par les Kattes, traversèrent les différents bras du Rhin, lequel n'avait pas alors la configuration qu'il a aujourd'hui et ne s'était pas encore laissé absorber par la Meuse. Ils vinrent dans ce que nous nommons la Campine, se dispersèrent parmi les Taxandres qui l'occupaient, et firent des établissements dans le pays des Morins, aujourd'hui les Flandres. Warneton fut une de leurs forteresses

Il serait impossible d'assigner les limites du

royaume des Warnes ; car ils avaient un roi, et un gouvernement à peu près semblable à celui des autres Francs. Leur roi, qui n'était pas absolu, était encore à demi électif ; c'est-à-dire que les chefs de la nation choisissaient, dans les fils du monarque défunt, celui qui était le mieux dans leurs bonnes grâces.

A l'époque où nous voulons vous arrêter un moment, le prince Théodebert, petit-fils de Clovis, était roi d'Austrasie ; il régnait sur une partie de la France, sur la Lorraine, et sur toute la portion de la Belgique qui est bornée par la rive droite de l'Escaut. Il tint sa cour à Metz, de l'année 534 à l'année 547. Ses victoires sur les Romains, qu'il était allé combattre jusqu'en Italie, l'avaient fait proclamer empereur ; et c'était un glorieux règne.

Or le roi des Warnes (il se nommait Hermégix), posé dans son voisinage, de l'autre côté de l'Escaut, se trouvant veuf, lui demanda sa fille en mariage. Il est permis de supposer que cet Hermégix était un vaillant homme de noble race, car l'empereur Théodebert consentit à en faire son gendre.

Consolidé par cette alliance, le roi Hermégix voulut peu après marier solidement aussi son fils Radegher ou Radeghis, qu'il avait eu d'une première femme. Il envoya une ambassade dans les îles Britanniques, et fit demander pour son fils au roi des Est-Angles la main de la princesse sa sœur, qui avait une belle renommée. Cette demande fut accueillie encore ; ce qui est considérable ; — et nous ne pouvons nous dispenser de faire cas du roi Hermégix.

Mais ici commence le drame. Pendant que la princesse anglaise s'occupait des apprêts de son départ et ne songeait plus qu'à traverser la mer pour gagner les rives de la Flandre, qu'on appelait alors *littus Saxonicum*, à cause des Saxons qui en occupaient plusieurs abords, le roi Hermégix fut attaqué subitement d'une maladie mortelle. Voyant sa fin approcher, il assembla les grands de sa nation et leur dit :

« Vous avez vu que ma constante sollicitude pour votre sécurité m'a fait contracter une alliance avec le roi des Francs, dont j'ai épousé la fille. C'est pareillement dans l'espoir d'augmenter notre force, que j'avais demandé pour mon fils une princesse du pays des Bretons. Je voulais aussi vous affermir de ce côté-là. Mais l'heure de ma mort, qui s'approche, apporte un changement dans mes idées et m'impose une autre résolution. Je pense donc qu'il est plus conforme à l'intérêt des Warnes d'avoir pour alliés les Francs que les insulaires de la Grande-Bretagne. La vaste mer qui nous sépare des Est-Angles fait que nous ne devons les considérer, ni comme des ennemis dangereux, ni comme des alliés indispensables. Au contraire, les Francs ne sont séparés de nous que par un fleuve ; c'est pourquoi je désire que mon fils Radegher épouse ma femme, sa belle mère, comme d'ailleurs le prescrivent nos lois. Si la princesse anglaise voit dans cette rupture un affront, elle pourra s'en consoler en gardant tous les présents que nous lui avons envoyés pour les fiançailles. Cet arrangement me semble donc convenir au bien public : exécutez-le après ma mort, et que nos dieux vous bénissent ! »

Le roi Hermégix mourut bientôt. Radegher, étant fils unique, lui succéda sans contestation. Alors, du consentement unanime des chefs de la nation des Warnes, il dut renoncer à sa fiancée ; et il épousa sa belle-mère, selon les usages païens de sa nation.

Mais la princesse anglaise, regardant la répudiation qu'elle subissait comme le comble du déshonneur, fit demander raison à Radegher d'un si sanglant outrage. N'en ayant reçu que des excuses politiques qu'elle trouva mauvaises, elle assembla, avec le secours du roi son frère, une flotte de quatre cents vaisseaux, sur lesquels les chroniqueurs embarquent une armée de cent mille hommes, ce qui est peut-être beaucoup. Elle se mit vaillamment à leur tête et aborda sur les côtes que les Warnes habitaient. Radegher, prévenu, fut obligé de courir aux armes. Théodebert venait de mourir ; il n'avait donc point d'appui. Une grande bataille se donna ; les Warnes furent complètement défaits, le jeune roi n'échappa au massacre que par la fuite.

La princesse anglaise, qui s'était montrée une héroïne, avait toutefois recommandé qu'on ne tuât pas son fiancé. Selon l'usage de toutes les guerres, c'étaient les masses qu'on sacrifiait aux querelles de leurs chefs. Elle déclara qu'elle ne se croirait vengée que lorsqu'on lui aurait amené Radegher vivant. Elle voulait le voir. Elle ordonna à ses soldats les plus dévoués de ne point cesser leurs poursuites qu'il ne l'eussent pris. Ils se répandirent dans tous le pays et trouvèrent l'infortuné prince caché dans une cabane, au fond d'une épaisse forêt. Sa longue chevelure de roi le fit aisément reconnaître. On l'amena, chargé de liens, devant la princesse ; il ne s'attendait plus qu'à recevoir de sa bouche l'arrêt d'une mort cruelle.

Mais la princesse anglaise, au contraire, s'était parée pour le recevoir. On pouvait considérer une telle circonstance comme un bon augure. Contente de sa victoire, elle se borna à lui reprocher sa perfidie, et lui demanda s'il y avait d'autres causes que les raisons politiques qui l'eussent porté à faire une si grande insulte à une princesse de son rang, pure dans toute sa conduite? Il protesta que non ; et, moins sauvage aussi que nous pourrions le penser, il s'excusa habilement, rejetant sur la volonté de son père et sur les exigences des chefs de sa nation une faute dans laquelle il avait été entraîné, mais qu'il n'eût jamais commise, disait-il, s'il avait été libre, et surtout s'il avait connu alors sa fiancée.

Si l'on s'étonne de ce mélange de mœurs rudes et honnêtes, il faut se rappeler, nous le répétons, qu'il y avait pourtant chez nous, avant les Normands, une certaine civilisation. Les Frisons, au huitième siècle, étaient gouvernés par je ne sais plus quel roi, cité dans Paquot, qui avait une cour composée de lettrés. Il paraît même qu'il aimait peu la liberté de la presse, car il tint dix ou douze ans en prison un de ses savants, qui avait écrit son histoire et qui ne l'avait pas suffisamment flatté. Ce fut Charles-Martel qui le délivra.

Mais revenons à Radegher.

La princesse, apaisée, lui pardonna. Elle commanda qu'on lui ôtât ses liens. Ensuite, ayant fait casser victorieusement son mariage avec sa belle-mère, que l'on renvoya le plus poliment possible à la cour d'Austrasie, la princesse anglaise donna sa main au jeune roi des Warnes, et partagea ainsi un trône que son courage généreux lui avait justement acquis.

On ajoute que ses voisins, instruits de ces faits, n'osèrent lui faire la guerre. Mais on ne trouve plus de détails sur ce règne.

Lorsqu'on se fut levé de table, Éloi vint saluer les deux étrangers qu'il avait vus auprès de Baldéric, et il les présenta au roi. Baldéric venait de leur demander leurs noms ; le Flamand s'appelait Lyderic de Bucq. La figure de Dagobert, à ce nom, n'exprima que l'impassibilité qui semble dire : Je ne vous connais pas. Mais, lorsqu'il entendit prononcer le nom de celui qui se présentait comme un Germain, Jean de Soignies, envoyé de Samon, roi des Slaves et des Vendes, Vinides ou Venèdes, le sourcil du monarque se fronça avec les signes d'une violente colère qu'il se hâta de comprimer.

— Demain, dit-il, vous aurez audience publique.

— Pour vous, jeune homme, continua-t-il en se tournant vers Lydéric, dont la figure semblait l'attirer, ce soir vous souperez avec nous, et à table vous nous conterez ce qui vous amène à notre cour.

Après ces mots, le brillant monarque, prenant le bras d'Éloi, l'emmena dans la salle où Nantilde était entrée avec ses deux neveux, Boggis et Bertrand. Baldéric, resté par ordre du ministre avec les deux nouveaux venus, les promena dans les vastes jardins du palais, qui s'étendaient aux bords de la Seine et que les premiers jours du printemps commençaient à ranimer.

— Vous avez une mission périlleuse, dit Baldéric à Jean de Soignies, quand ils furent à peu près seuls, car le roi ne peut entendre sans fureur le nom de Samon-le-Rebelle.

— Cependant, répondit Jean, j'apporte des paroles de soumission et de paix. Je sais que je parle au nom d'un chef qui a longuement maltraité le roi Dagobert. Il y a terme à la haine; Samon se repent. Mais lui-même m'a fait entendre que, pour réussir dans mon message, il me faudrait gagner les bonnes grâces du ministre. Daignez donc me faire connaître Éloi; que je puisse juger l'homme, avant d'obtenir de lui une audience particulière.

IV

ÉLOI

Éloi, dit Baldéric, vous le jugerez dans sa vie, dont l'exposé n'est pas long. Il est né au village de Cataillac, près de Limoges, de parents honnêtes et libres, qui étaient chrétiens. Son père, Eucher, le fit élever pieusement; et libre de disposer de lui, puisqu'il n'était soumis à la servitude envers aucun seigneur, il le mit en apprentissage chez le vertueux Abbon, très habile orfévre de Limoges.

Le petit Éloi fit des progrès dans l'art de travailler l'or et les bijoux. Il se montra si prudent, si avisé, si naturellement doué d'un fonds de bon sens naturel qui le mettait en garde contre ceux qui eussent voulu le surprendre, que son maître jugea qu'il ferait grande fortune. Lorsqu'il lui eut appris tout ce qu'il savait, il lui conseilla d'aller à Paris. Éloi y vint; et, comme il était recommandé par de bons personnages, il entra au service de Bobbo, trésorier du roi. C'était sous le règne de Clotaire, père du monarque régnant.

Un jour Clotaire, revenant de la guerre, riche de trésors conquis, voulut qu'on lui fît, non pas un siége, comme quelques-uns l'ont dit, mais une selle d'orfévrerie pour son beau cheval de combat. Il fallait un ouvrier très expert; Bobbo proposa Éloi, dont il avait remarqué à la fois la probité et le talent. Néanmoins Clotaire voulut qu'on fît voir son dessin, qu'il avait tracé lui-même, à tous les ouvriers qui travaillaient pour la cour. Il était si compliqué et demandait tant de légèreté dans sa magnificence, que pas un orfévre n'osa l'entreprendre, à l'exception d'Éloi.

— Avec l'aide de Dieu, se disait-il en lui-même, je réussirai.

Le Roi, content de la résolution et de la confiance d'Éloi, lui fit remettre une grande quantité d'or et de pierreries, lui recommandant de faire vite, sans négliger de faire bien.

Le jeune homme se mit sur-le-champ à l'ouvrage, avec zèle, avec persévérance. Il surpassa tout ce qu'on avait fait de mieux jusqu'alors ; et, ce qui parut un prodige, c'est que, de ce qu'il avait reçu d'or pour établir une seule selle, il en avait fait deux, si délicates, et en même temps si solides, qu'il semblait impossible qu'il les eût pu tirer de l'or qu'on lui avait remis.

Ayant fini son travail, il porta au palais du Roi la première selle qui lui était commandée. Clotaire le combla d'éloges sur l'élégance et la beauté de son ouvrage. Puis, comme il ordonnait qu'on lui comptât une digne récompense, le jeune orfévre, présentant la seconde selle, dit :

— Sire, pour utiliser ce qui restait de l'or que vous m'aviez confié, j'ai fait cet au re ouvrage.

Le Roi, rempli d'admiration, s'écria :

— De ce qui se passe, Éloi, on pourra prendre confiance en vous pour de plus importantes affaires.

Le jeune homme acquit dès lors la bonne grâce du Roi et l'affection des princes et seigneurs de la cour.

Ce fut dans ces circonstances que le seigneur de Séclin, en Flandre, ayant besoin d'argent, m'amena à Paris, avec dix autres qui, comme moi, étaient serfs de sa terre, et nous vendit en la place Saint-Michel-en-l'Ile.

Ici Lyderic interrompit Baldéric pour lui serrer la main, joyeux d'apprendre qu'il fût Flamand. Le narrateur poursuivit :

— Éloi nous acheta, car il devenait riche. Mais au bout d'un mois il nous affranchit tous, et me dit que, m'ayant étudié, il désirait que je restasse auprès de lui comme son serviteur. Je ne l'ai pas quitté, et tous les jours je remercie Dieu d'être tombé en si dignes mains.

Cependant, comme je vous l'ai dit, la fortune d'Éloi allait en croissant, et plus encore sa faveur. Un jour que Clotaire, étant à Reteuil, voulait faire faire cinquante riches colliers d'orfévrerie, pour les distribuer à ses leudes au champ-de-mai, il fit venir Éloi, et lui remettant plusieurs bahuts pleins d'or, il lui demanda de prêter serment, selon la coutume, qu'il ne retiendrait rien. Lors de la selle d'or, c'était le seigneur Bobbo qui avait juré, répondant d'Éloi.

Le jeune orfévre fut troublé de cette demande qu'on lui faisait; d'autant plus qu'on avait apporté une châsse pleine de saintes reliques, sur laquelle on lui disait d'étendre les mains pour jurer. J'étais présent, ainsi qu'Audoenus (saint Ouen), devenu depuis l'ami d'Éloi. Le jeune homme, considérant la grandeur du serment qu'on lui prescrivait, et redoutant les jugements de Dieu, se mit à pleurer, car d'autre part il tremblait d'offenser le Roi. Mais Clotaire, voyant son embarras, ne le pressa pas plus longtemps; au contraire, s'approchant de lui et lui caressant doucement le visage de sa main, il lui dit avec un air gracieux et favorable : — Allez, Éloi! ne jurez pas. Votre simple parole vaut mieux pour moi que les plus grands serments de tout autre.

En effet, la bonne renommée de mon maître était telle, qu'on lui confiait l'or, l'argent et les pierres précieuses, sans poids et sans compte, et que son crédit grandissait tous les jours.

A la mort de Clotaire, Dagobert, qui le chérissait, voulut qu'il habitât auprès de lui...

Comme Baldéric disait ces mots, un autre

serviteur d'Éloi vint dire à Jean de Soignies que le ministre désirait l'entretenir. Ce message prévenait le vœu de Jean, qui se hâta de suivre l'envoyé.

C'était un personnage important en effet que le ministre avec qui Jean de Soignies allait avoir une entrevue. « Ceux qui arrivaient à la cour du roi Dagobert (dit saint Ouen dans la vie de saint Éloi, son ami), soit qu'ils vinssent de Rome ou d'Italie, de Germanie ou du pays des Goths, soit qu'ils vinssent de tout autre lieu, par ambassade ou autrement, n'avaient pas plus tôt vu et salué le monarque, qu'ils allaient visiter Éloi. » On ne l'appelait que le premier ministre, quoiqu'il eût le simple titre d'argentier ou de trésorier, et qu'il travaillât toujours de ses mains à son métier d'orfévre, qui avait fait sa fortune.

Du reste, il donnait au Roi de sages et pieux conseils. Il n'employait son influence qu'à faire le bien. Il était doux et paisible en sa conversation, dit encore son biographe, d'un visage gai, ouvert et ingénu, d'une belle représentation. Son regard était agréable. Il respectait tout le monde, les petits comme les grands. Bienséant en ses mouvements, grave en son port, simple en son marcher, honnête en son abord, il parlait peu et bien. Il était très charitable et faisait beaucoup d'aumônes. Aussi, pour connaître sa maison à Paris, il suffisait de s'adresser au premier pauvre que l'on rencontrait. Dans les voyages de la cour, il logeait auprès du Roi, qui souvent l'envoyait chercher la nuit ou de grand matin pour lui parler d'affaires. Dès qu'il était seul dans sa chambre, il priait, ou bien il travaillait de ses mains à quelque orfévrerie, façonnant des vases, meubles ou bijoux d'or et d'argent, enrichis de pierres précieuses.

Du produit de ses travaux, que le Roi et les seigneurs payaient largement, il rachetait les captifs par vingt, trente, cinquante et même cent à la fois. Quand il n'avait plus d'argent, il ne craignait pas d'en aller demander au Roi, qui ne pouvait rien lui refuser. Des Italiens, des Français, des Anglais, des Belges, des Saxons, en grand nombre, de l'un et de l'autre sexe, lui durent ainsi la liberté. Car, en ce temps-là, les Saxons étaient surtout enlevés, par troupeaux, de leur pays et vendus en plusieurs lieux. Les seigneurs francs, lorsqu'ils avaient besoin d'argent, ne se faisaient pas scrupule non plus de vendre les hommes de leurs terres. Lorsqu'Éloi avait racheté des serfs, des esclaves ou des captifs, il leur proposait de retourner dans leur pays ou de rester en France, affranchis par le Roi. Il n'en garda que quelques-uns, comme Baldéric, et un pauvre jeune homme de la Saxe nommé Tillon, qui devint un de ses plus habiles ouvriers dans ses travaux d'orfévrerie. Encore ne restaient-ils avec lui que parce qu'ils s'y plaisaient, car ils étaient libres.

On voit aussi dans saint Ouen que souvent Éloi s'engagea pour mettre en liberté des débiteurs. Dans Paris, qui, sous Dagobert, était déjà une ville très grande et très populeuse, il ne passait pas une semaine sans délivrer quelque prisonnier. On conte qu'un jour, comme il faisait transporter les reliques de saint Martial à son église, que l'on venait de réparer, il donna ordre au cortége de passer par une certaine petite rue où gémissaient dans un cachot sept pauvres détenus. En arrivant devant ce cachot, ceux qui portaient les reliques s'arrêtèrent, disant qu'ils ne pouvaient aller outre. — Soyez béni, bon saint! s'écrièrent les sept captifs. — Les verrous de leur cachot venaient de tomber; les portes de la prison s'étaient ouvertes, et les prisonniers, reconnaissants, suivaient le vieux cortége, qui s'était remis en marche. Était-ce un miracle de la bonté du Ciel ou d'une ingénieuse charité? Éloi obtint grâce de Dagobert.

Il avait fait lui-même une châsse pour les restes sacrés de saint Martial, et il en fit d'autres très magnifiques pour saint Germain de Paris, pour saint Severin, pour sainte Geneviève, pour saint Piat, dont il avait découvert à Séclin les reliques qu'il donna à la ville de Tournay, pour saint Brice, saint Quentin, saint Lucien de Beauvais, saint Julien. Une de ses châsses les plus remarquables était celle de saint Martin de Tours, qu'il avait décorée de riches ornements, aux frais du roi Dagobert.

Il était occupé à terminer la merveilleuse châsse de saint Denis, se dérobant pour ce travail à toute la cour en fêtes, lorsqu'on lui amena Jean de Soignies. Éloi, lui indiquant un siége de cuir, l'invita à s'asseoir, et priant Tillon de s'aller réjouir dehors, il demeura seul avec lui.

V

LE MARCHAND DE SOIGNIES

Vous êtes de nos provinces? lui dit-il alors. Comment se fait-il que vous soyez l'envoyé du roi Samon?

— C'est que je l'ai suivi, seigneur, répondit Jean. J'étais avec lui lorsqu'il passa le Rhin. Depuis, je n'ai pas quitté les rudes et froides contrées qu'il habite.

— Et pourquoi vous envoie-t-il à la cour du Roi, notre maître?

— Pour une mission de paix.

— Elle sera difficile à remplir. Le Roi a fait

de grands armements. Le Roi est encore furieux de la réponse que Samon a jetée à son ambassadeur.

— C'est aussi parce que cette réponse a été altérée que je suis venu.

— Je désire vous servir. J'aime votre pays, que je compte entièrement visiter un jour. J'y ai remarqué beaucoup de traces de paganisme, et de déplorables superstitions? Y fête-t-on toujours les solstices? Y révère-t-on toujours le jeudi en l'honneur de Jupiter?

— Toujours, seigneur, répondit Jean de Soignies.

— On honore encore des arbres et des pierres? On porte au cou des amulettes? On s'occupe d'enchantements? On fait des clameurs pour soulager la lune, quand elle s'éclipse! A-t-on cessé de tirer les horoscopes pour les enfants? de consulter les astrologues, les devins, les sorciers?

— Non, seigneur; du moins, dans le rapide séjour que je viens d'y faire, j'ai revu toutes ces coutumes. Mais c'est bien pis chez les Slaves et chez les Vendes.

— Ces choses-là sont fort malheureuses, dit Éloi, et ces pauvres peuples auraient grand besoin d'être instruits.

Il soupira, et reprit, en regardant doucement Jean de Soignies :

— Vous êtes chrétien?

— Oui, seigneur, répondit Jean en faisant le signe de la croix.

Éloi se signa pareillement. Puis il dit :

— Eh bien! si vous le pouvez, faites-moi en peu de mots l'exposé de ce qui regarde Samon.

— Vous le savez, répliqua Jean; Samon était, il y a douze ans, un simple marchand de Soignies, sa ville natale et la mienne [1]. Il était industrieux et actif. Il avait une grande fabrique d'armes, dont il faisait bon débit. Son commerce lui avait nécessité plusieurs voyages dans les pays de Metz et de Strasbourg, et il vendait ses bonnes armes aux peuplades des deux rives du Rhin. Il apprit, en 623, que les Huns (ces barbares que nos pères, au temps de Mérovée, ont si vaillamment battus) opprimaient cruelle-

[1] A Sens, dont le nom latin est à peu près le même que celui de Soignies dans cette langue, on prétend que Samon était Senonais. Ce qui est possible. Nous suivons les documents du Nord. *Voyez à l'appendice.*

ment les Slaves et les Vendes, et que ces peuples infortunés se révoltaient sans cesse en vain, parce qu'ils étaient à peine armés. Il résolut d'aller à leur aide. J'étais son ami; je consentis à être du voyage. Nous partîmes donc au printemps de l'année 624, emmenant avec nous une grande quantité de lances, de haches d'armes, de javelines et d'épées. Nous savions qu'avec leurs pelleteries recherchées les Slaves et les Vendes pouvaient payer les armes que nous leur portions. Mais nous ne pensions pas quitter Soignies pour toujours.

Les peuples avec qui nous allions faire commerce, établis entre l'Elbe et la Vistule, occupaient une vaste contrée et s'étendaient jusqu'à quelques lieues de Strasbourg. On nous disait qu'ils étaient simples et justes, mais indépendants, bons, mais courageux. En arrivant parmi eux, Samon reconnut qu'on ne nous avait pas trompés. Nous eûmes lieu d'être satisfaits de la bonne réception qu'ils nous firent. Ils nous payèrent honnêtement et nous regardèrent comme leurs sauveurs. Ce sont des hommes grands et robustes, vêtus de sarraux grossiers. Ils n'avaient généralement d'autres armes que des massues, des arcs, des piques de bois, des boucliers d'osier et des fléaux. Nous nous étonnions de leur nombre; car, bien qu'ils n'eussent pas de villes, leurs cabanes étaient partout très rapprochées. Samon ne concevait pas qu'ils se laissassent piller par des hordes sauvages, lorsqu'il se trouva témoin d'une invasion de leurs ennemis. Il vit que les Slaves et les Vendes devaient aussi leurs défaites au manque total de discipline et de tactique. Son jeune sang s'échauffa; il se mit à leur tête, leur donna de sages avis qu'ils écoutèrent, de bons exemples qu'ils suivirent, et chassa devant lui leurs agresseurs en pleine déroute.

— Il n'y a jusque-là, dit Éloi, rien que de généreux dans la conduite de Samon.

— Après cette victoire, poursuivit Jean, les Slaves et les Vendes, émerveillés, se jetèrent aux genoux de Samon, le supplièrent de rester avec eux, l'élevèrent sur leurs boucliers et le proclamèrent leur roi. Samon ne put résister; il se laissa faire; il se mit à gouverner. Il ne détrônait personne. Ces peuples avant lui n'avaient de chef que celui qu'on choisissait dans chaque peuplade pour un jour de péril. Il parcourut le pays; il fit faire à tous les Slaves, à tous les Vendes, le serment de confédération; il se vit le monarque d'une contrée immense, nomma des gouverneurs et des juges, et s'appliqua à policer ses sujets.

— C'est fort bien, dit gravement Éloi. Mais les Slaves et les Vendes, qui sont généralement d'anciens Sarmates, adorent, dit-on, un Dieu suprême, avec plusieurs autres petites divinités auxquelles ils sacrifient des bœufs, surtout dans leurs maladies. Ils sont persuadés que leurs dieux veulent du sang, qu'il leur est égal que ce soit celui d'une bête ou celui d'un homme, et que la mort d'une génisse ou d'un mouton immolé suffit pour rendre au malade la vie qu'il allait perdre. Est-il vrai que Samon, quoique chrétien, loin d'éclairer ses peuples sur leurs égarements, a partagé leurs licences religieuses et qu'il a épousé douze femmes?

— C'est vrai, seigneur. Mais de temps immémorial les rois se sont attribué le privilége d'avoir plusieurs épouses. Je ne prétends pas justifier cette conduite. D'ailleurs il se repent. Mais il a gouverné avec prudence; il a su se maintenir sur le trône; il a favorisé le commerce, père de l'abondance. On a vu partout, dans ses États, s'élever des bourgades; plusieurs villes se forment. Ses sujets, rassurés au dedans, sont devenus redoutables au dehors.

— Trop redoutables, dit Éloi; et sans doute que vous n'excuserez pas leurs brigandages?

— Quel pays de nos jours en est exempt, seigneur? Je sais que des marchands du pays des Francs ont été pillés ou tués en 629 dans les États de Samon; que le roi Dagobert fit demander réparation de ces crimes. S'il ne l'a point obtenue, c'est la faute de son ambassadeur.

— Le noble leude Sicharius!

— Il est la cause de la guerre sanglante allumée depuis six ans entre Samon et Dagobert. Lorsque Sicharius parut devant le roi des Slaves, il lui parla un langage que sans doute son maître ne lui avait pas prescrit. Cependant Samon lui offrait justice. Mais il exigea des réparations au-dessus des torts; il fit des menaces; il traita de chiens les peuples chez qui il n'était qu'un étranger.

— Les chiens dont vous parlez, dit Samon avec colère, mordent les insolents qui manquent de respect à un peuple libre et au roi que ce peuple a élu librement. Mais vous êtes seul; allez dire à votre maître qu'il vous donne une armée, et nous vous attendons.

— C'est cette réponse, envenimée par Sicharius, qui a suscité la guerre.

— Les torts en effet sont de notre côté, dit Éloi. Mais à présent que, depuis six ans, le sang coule, que trois de nos armées ont été défaites par le marchand de Soignies, que Dagobert en personne a été battu avec grand carnage, que les Saxons ses tributaires sont devenus les vôtres, comment faire la paix?

— Voici ce que propose Samon. Il a vu au pays de Strasbourg la princesse Notburge, fille de Dagobert. Il offre de rendre au Roi la suzeraineté des Saxons et leur tribut de cinq cents vaches par an, de répudier ses femmes, de rentrer dans le sein du Christianisme, si le roi des Francs veut lui donner la paix et la main de Notburge...

Un silence assez long succéda à cette brusque déclaration.

— Laissez-moi, dit Éloi, songer à ces choses graves. Demain vous aurez votre audience. Je vous reverrai auparavant, et j'aurai préparé le Roi.

Jean de Soignies se retira.

VI

DAGOBERT

Comme l'étranger venait de sortir, une petite porte s'ouvrit : c'était le Roi qui entrait dans la chambre d'Éloi.

— Par saint Martin de Tours ! dit-il en s'arrêtant devant le travail élégant de son argentier, cette châsse du grand saint Denis sera d'une haute magnificence. Jamais rien n'aura été fait de si beau. Mais l'autel, les balustrades, le lutrin, nous coûteront aussi de bonnes sommes. Faisons-

3.

des économies, Éloi; veillez à ce que rien ne se perde ou se dérobe dans ces fêtes. On nous reproche d'être avare, parce que nous voulons de l'ordre. Rions de ce blâme; notre grand'mère Frédégonde comptait ses jambons, et faisait argent, quoiqu'elle fût puissante reine, des œufs de sa basse-cour.

— C'est parler dignement, sire, dit Éloi; rien ne doit se prodiguer, si ce n'est pour l'aumône.

— D'autant que notre guerre au delà du Rhin n'est pas finie. Mais concevez-vous l'audace de ce chien de Samon, qui a l'impudence de nous envoyer un ambassadeur? Demain je lui répondrai en cour plénière.

— Il apporte la paix.

— Ah! ah! vous savez tout, Éloi, avec une merveilleuse vitesse. Conseillez-moi. S'humilie-t-il, le chien? Dépose-t-il les armes? Se fait-il notre vassal? Nous offre-t-il un tribut et de riches présents?

— Il offre de vous rendre le tribut des Saxons, de rentrer dans la foi, et sans doute de reconnaître votre suzeraineté, si vous lui accordez en mariage....

— En mariage ? interrompit Dagobert, se levant rouge déjà d'impatience et de colère....

— Votre fille Notburge.

— Notburge à Samon ! s'écria Dagobert. C'est une nouvelle insolence ! et, par saint Denis et saint Maurice, je n'en souffrirai plus.

Le Roi sortit comme un furieux. Éloi, bientôt, chercha à le rejoindre. Mais il ne le trouva plus dans le palais ; et ce ne fut qu'au bout d'un quart d'heure qu'il rencontra dans les jardins Baldéric, lequel lui dit que le bourreau venait d'emmener Jean de Soignies, Dagobert ayant ordonné qu'il fût pendu à l'instant.

Le soir était venu sans qu'on eût revu Éloi dans le palais. Lydéric se disposait à se rendre au souper. Il s'entretenait encore avec l'honnête Baldéric, que les légendaires appellent Baudry ; et le sujet de leur conversation était la personne même du roi Dagobert, ce mélange surprenant de bonnes et de mauvaises qualités, de faiblesse et de grandeur.

— Vous avec plu au Roi, disait Baldéric ; je l'ai remarqué ; et vous aurez raison. Dagobert au moins est juste. On l'a vu, dans ses tournées, sévère aux puissants, charitable aux pauvres, juste pour tous.

Un écrivain moderne[1] a peint Dagobert sous les mêmes couleurs. Pendant qu'il parcourait ses provinces pour redresser les torts, « nul ne sortait de sa présence, dit-il, qu'il n'eût été fait droit à ses plaintes. Quand le jour n'y suffisait pas, il y suppléait dans la nuit. Les abus furent corrigés, les violences punies. L'or et le rang n'arrachaient et n'achetaient aucune faveur ; l'indigence et l'obscurité n'essuyaient ni humiliations, ni disgrâces ; les grands étaient abaissés ; les petits élevés jusqu'à la justice. Le peuple était plein de joie et d'admiration

» Mais de telles merveilles ne durèrent que dans les années 629 et 630. Dès l'année suivante, les violences du caractère du roi prirent le dessus. Il fit tuer en Bourgogne, sans jugement, son oncle maternel Brandulf, que l'on accusait d'avoir remué contre lui. Il cessa d'écouter les sages conseils de Peppin de Landen ; il se livra à des conseillers corrompus ; et, sans

[1] M. de Peyronnet. *Histoire des Francs.*

la présence d'Éloi, ce prince au cœur généreux fût devenu horrible. »

— Mais Dagobert est très fougueux, reprit l'affranchi d'Éloi ; un rien l'irrite. Je suis sûr qu'il a ordonné, sur un mot, le supplice de votre compagnon ; et peut-être qu'il s'en repent à l'heure qu'il est. Je puis vous raconter tout bas un trait de son adolescence.

Son gouverneur Hadregisile l'ayant réprimandé avec quelque sévérité d'une faute très grave, il se rua sur le vieux savant et lui coupa la barbe, en manière de dérision insolente. Doublement coupable alors, il revint à lui ; et, redoutant le courroux terrible du roi Clotaire II, son père, il se réfugia dans la chapelle souterraine bâtie par Geneviève auprès de Paris, pour la conservation des précieux restes de saint Denis, de saint Rustique et de saint Éleuthère. Il promit aux trois saints, en qui il avait dévotion, de leur élever un jour une somptueuse basilique, s'ils le tiraient du mauvais pas où il s'était mis. Or, il se trouva qu'Hadregisile ne fit aucune plainte ; l'affaire s'assoupit, et Dagobert n'a pas oublié son vœu.

Ces mouvements de violence furieuse, reprit Balderic, sont dans le sang des rois francs. Dagobert les a hérités de son père Clotaire II, de son aïeul Chilpéric, de son bisaïeul Clotaire Ier. Ordinairement toutefois ils réparent.

VII

LE ROI D'YVETOT

C'EST à Clotaire Ier qu'on reporte la fondation du royaume d'Yvetot; curieuse historiette, qui mérite de nous arrêter un instant.

Quoique le nom du roi d'Yvetot soit en quelque sorte devenu proverbial, les historiens qui brillent dans nos bibliothèques daignent à peine en passant nous dire un mot de ce royaume, qui, malgré sa petitesse, était pourtant un royaume, *regnum etiam , sed perexiguum*, comme dit Jodocus Sincerus, dans son *Itinéraire de la Gaule.*

Yvetot, on le sait, est un bourg de France, dans l'ancienne Normandie, au pays de Caux, à deux lieues de Caudebec, à sept lieues de Rouen. Cette terre ou seigneurie appartenait, au sixième siècle, à Vauthier ou Gauthier, chambellan de Clotaire Ier, né de Clovis et de Clotilde. On ne sait trop l'origine de Vauthier; il possédait la terre d'Yvetot en bénéfice militaire.

Le chambellan de Clotaire, dans tous les cas, était un leude ou chef assez habile. On estimait son intégrité. Il s'était fait un nom par ses belles actions à la guerre. Aussi le Roi, dont il avait l'oreille, lui accordait-il la familiarité la plus intime. Mais, son crédit et son influence croissant de jour en jour, les courtisans s'en alarmèrent; ils résolurent de le perdre. Pendant une absence qu'il fit, on le desservit auprès du monarque; les chroniqueurs n'expriment pas formellement quel fut le crime dont on chargea

Vauthier; tout ce qu'on sait, c'est que le complot fut dirigé avec tant d'adresse, que Clotaire, rude et féroce, comme on l'a vu dans le meurtre de ses neveux, éclata de fureur et jura qu'il tuerait de sa main le sire d'Yvetot, dès qu'il reparaîtrait devant lui.

Les souverains, en ce temps-là, ne craignaient pas de cumuler les offices, et souvent on les vit juges et bourreaux tout à la fois.

Vauthier avait quelques amis, qui l'avertirent de la colère du prince. Il ne jugea pas à propos de s'y exposer. Dans sa disgrâce, il quitta le pays; il s'en alla dans le Nord faire la guerre aux barbares, qui étaient en même temps les ennemis de son roi et de sa religion. Cet événement eut lieu en l'année 525, Clotaire Ier siégeant à Soissons.

Après dix années d'exploits héroïques, Vauthier, couvert de gloire, s'en revint, espérant que le courroux du Roi serait éteint. Mais les mauvaises passions, dans ces vieilles âmes, étaient, à ce qu'il paraît, durables. D'ailleurs, les accusateurs de Vauthier, intéressés à le tenir au loin, entretenaient contre lui la colère royale.

Le sire d'Yvetot, pour être plus sûr d'un accueil sans péril, se rendit à Rome, où le pape Agapet, dont il réclama l'appui, lui remit des lettres favorables pour le roi Clotaire. Avec une recommandation aussi vénérable, Vauthier se dirigea sur Soissons. Il choisit la solennité du Vendredi-Saint, ce grand jour du pardon ; et ce fut à l'église, au pied de l'autel, pendant qu'on célébrait les saints offices devant les croix voilées de deuil, que Vauthier se présenta au Roi. Il se jeta à ses genoux, désarmé, suppliant, présentant les lettres du Souverain-Pontife, et implorant sa grâce, s'il était coupable, par les mérites de celui qui, en pareil jour, avait répandu son sang pour racheter tous les hommes.

Mais le farouche Clotaire n'eut pas plus tôt reconnu Vauthier, que, sans égard pour la sainteté du lieu et pour la sainteté du jour, il tira sa lourde épée et d'un coup tua son chambellan sur les dalles du sanctuaire.

Cette fureur implacable donne à penser que l'accusation qui pesait sur Vauthier était grave. Mais pourtant, dès que le sang fut répandu, il n'était pas refroidi encore, que Clotaire s'était calmé. On lui lut la lettre du pape Agapet, qui lui attestait l'innocence de son favori; on lui représenta qu'il venait de commettre un crime et un sacrilége, dont le chef de l'Église, le Souverain-Pontife, pouvait seul l'absoudre. Alors, passant de la frénésie au désespoir, le Roi envoya en toute hâte un messager à Rome. Le messager arriva au moment où le saint pape touchait à sa dernière heure. Il prononça que Clotaire n'obtiendrait son pardon qu'en donnant les plus hautes satisfactions pour son meurtre.

Clotaire ne connaissait rien au-dessus de sa dignité de roi. Voulant donc sincèrement réparer son crime, il érigea, en faveur des enfants de Vauthier, la seigneurie d'Yvetot en royaume : il en fit expédier des chartes qu'il scella de son sceau. Il agissait encore là en vertu de la loi des fiefs, laquelle affranchissait le vassal de tout hommage et de tout devoir, quand le seigneur mettait violemment la main sur lui.

Depuis ce moment, les descendants de Vauthier, souverains de leur petit royaume d'Yvetot, se trouvèrent libres de toute dépendance et ne devant à personne ni tribut, ni foi, ni service. En conséquence, jusqu'au dernier siècle, les habitants de la terre d'Yvetot ne payaient ni taxes, ni aides, ni gabelles.

On a disserté fort gravement sur cette singulière histoire. On y a trouvé aussi la matière de récits plaisants. Dans les siècles obscurs du moyen-âge, les annales du royaume d'Yvetot et ses vicissitudes inévitables n'ont pas été écrites. On y a suppléé par des traditions populaires. On voit, dans quelques livres oubliés, que la cour du roi d'Yvetot était composée d'un prélat, de quatre abbés, de quatre chanoines, de trois ducs, de quatre comtes et de six barons; d'un valet de pied ou chambellan, qui devenait au besoin héraut d'armes et ambassadeur; de quatre pairs ou juges, qui étaient encore échevins, formaient le sénat, composaient le conseil de S. M. et représentaient les états du pays; d'un jardinier, d'un palefrenier, et de quelques autres serviteurs qui remplissaient à l'occasion différents personnages

Le roi d'Yvetot était lui-même son ministre des finances et son garde-des-sceaux Il avait quatre gardes-du-corps, qui cultivaient habituellement ses terres et se montraient à leur poste dans les cérémonies et les représentations. Les quatre plus belles filles des serfs d'Yvetot étaient femmes de chambre et dames d'honneur de la Reine.

Le royaume ne dépendant d'aucun suzerain, le roi d'Yvetot vivait en paix avec ses voisins, qu'il ne prétendit jamais effrayer. Malgré sa couronne, ses titres et ses gardes, on voit que généralement, et comme règle d'une politique constamment suivie, il demeurait neutre dans toutes les guerres qui se faisaient autour de lui, quoiqu'il pût mettre sur pied cent vingt hommes de troupes réglées.

L'histoire de ce royaume, enclavé dans un autre royaume, se trouve pour la première fois dans Robert Gaguin. Aussi on l'a contestée, en demandant, pour la recevoir, des autorités plus anciennes qu'un historien du quinzième siècle. Mais beaucoup d'annales sont perdues ; et Gaguin est appuyé de Robert Cénalès, de Fulgose, de Baronius, de Sponde. Duhaillan n'a pas adopté légèrement cette chronique. Gabriel

Dumoulin cite à son propos ces vieux vers :

> Dans le noble pays de Caux,
> Il y a quatre abbés royaux,
> Et six barons de grand arroi,
> Quatre comtes, trois ducs, un roi.

Chopin le jurisconsulte assure même que les rois d'Yvetot avaient droit de faire grâce aux criminels.

Mais les savants ont combattu, malgré ces autorités, le récit de Gaguin. L'abbé de Vertot [1] prétend que l'histoire est fausse, parce que la seigneurie d'Yvetot n'était pas, en 525, dans le royaume de Clotaire. Le savant Foncemagne a repoussé cette objection, en faisant voir qu'il n'était pas possible de marquer les limites du domaine de Clotaire. Claude Malingre, dans une dissertation latine imprimée en 1615, avait devancé Vertot et traité de conte le fait de l'érection de la terre d'Yvetot en royaume. Voyons donc s'il n'y a pas d'autres documents.

Un arrêt de l'échiquier de Normandie, rendu en l'année 1392, reconnaît le titre de roi au seigneur d'Yvetot. Des lettres-patentes données

[1] Dans le tome IV des *Mémoires de l'Académie des Inscriptions et Belles-Lettres.*

par les rois de France en 1401, 1450, 1464, confirment les seigneurs d'Yvetot dans le même titre.

Au commencement de ce quinzième siècle, pendant que la Normandie était sous la main des rois d'Angleterre, un grand procès éclata entre le roi d'Yvetot et l'Anglais Jean Holland, qui réclamait, au nom de son maître, les redevances et les devoirs féodaux. La sentence, portée en 1428, condamna Jean Holland, et sur pièces régulières reconnut au sire d'Yvetot la qualité de roi indépendant.

Durant tous les règnes suivants, jusqu'à Charles IX, ce titre a été confirmé. On a des lettres de François Ier, où la dame d'Yvetot est appelée reine.

Pinson de la Martinière, dans ses *Relations de la Principauté d'Yvetot*, raconte que Henri IV, étant sur le point de livrer bataille aux ligueurs en 1589, se retira sur la terre d'Yvetot, et qu'il dit en riant à ceux qui l'entouraient : — Si nous perdons le royaume de France, nous pourrons prendre celui-ci.

Lors du couronnement de la reine Marie de

Médicis, sa seconde femme, qui eut lieu en 1610 dans l'abbaye de Saint-Denis, près Paris, Henri IV, s'étant aperçu que le grand-maître des cérémonies ne marquait point de place à Martin du Belley, roi d'Yvetot, lui en donna l'ordre en ces termes : — Je veux qu'on assigne une place honorable à mon petit roi d'Yvetot, selon sa qualité et le rang qu'il doit tenir.

Malgré toutes ces preuves, dont on pourrait allonger le nombre, Fauchet, Sainte-Marthe et plusieurs autres ont soutenu, comme Vertot et Malingre, que l'érection de la terre d'Yvetot en royaume était une invention de Robert Gaguin. Mais Robert Gaguin écrivait à la fin du quinzième siècle et au commencement du seizième ; et l'on trouve le titre de roi donné aux sires d'Yvetot dans des actes du treizième.

Tout ce qu'il y a de certain, c'est que ce privilége qui les faisait rois leur fut contesté. On le voit par les deux sentences que nous avons citées, et par les décisions successives de sept rois de France qui le confirmèrent. La dispute du droit ne le détruit pourtant point [1] ; elle

[1] M. de Peyronnet, *Histoire des Francs.*

l'établit au contraire, quand la décision qu'elle provoqua le reconnaît et le renouvelle.

Le royaume d'Yvetot, après avoir été cent trente-deux ans dans la maison du Belley, appartenait au dernier siècle aux marquis d'Albon Saint-Marcel, qui par modestie se contentaient du titre de princes d'Yvetot. Ce n'est plus à présent qu'une commune de France.

Lydéric écoutait ce que lui contait le serviteur d'Éloi, un peu distrait par la crainte d'encourir la colère d'un monarque si emporté. La catastrophe de Jean de Soignies le préoccupait. Il s'intéressait à son infortuné compatriote.

VIII

LE PRIVILÉGE D'ÉLOI

CROYEZ-VOUS donc, dit-il quand Baldéric eut cessé de parler, que rien ne puisse sauver Jean ?

— Rien au monde, à moins que le sage Éloi n'arrive à temps.

— Eh quoi ! Éloi pourrait empêcher l'exécution des ordres du Roi ?

— Non, reprit Baldéric. Mais il a un très noble privilége. Le Roi le lui accorda sur sa prière, lorsqu'il eut fini la belle châsse de saint Martin de Tours. Il a le droit de décrocher tous les pendus qu'il rencontre et d'en disposer à son gré. Cette prérogative lui a donné l'occasion de sauver quelques malheureux. Lorsque le Roi marcha en personne pour la première fois contre Samon, Éloi le suivit ; car Dagobert ne peut plus se passer de lui, et bien souvent on l'a vu quitter les princes et les seigneurs de sa cour pour s'enfermer avec Éloi et jouir de son entretien.

Or, un soir que nous sortions de Strasbourg, le pieux Éloi aperçut à un gibet un pendu qu'on avait accroché là, sur le chemin Il le détacha et lui donna des soins qui le ramenèrent à la vie, si bien qu'Audoenus et plusieurs autres s'écrièrent qu'il l'avait ressuscité. Les juges qui avaient condamné ce pauvre homme, apprenant cette merveille, accoururent ausssitôt, réclamant leur coupable pour le remettre aux fourches patibulaires. Mais Éloi, se retirant devers le roi Dagobert, obtint confirmation de la grâce du ressuscité, qui se mit à suivre son sauveur et qu'on appela dès lors le pendu d'Éloi.

— Et ce pendu vit-il encore ? demanda Lydéric.

— Assurément. Il travaille à Saint-Denis, avec les habiles ouvriers qui construisent la royale basilique. On fait là des prodiges qu'il vous faudra voir.

En ce moment, le son des instruments de musique annonça le souper du roi. Baldéric conduisit le Flamand, et lui fit traverser la salle des festins, où toute la cour se réunissait devant une collation splendide. Le roi soupait en petite compagnie de choix, dans un salon dont les murs étaient tapissés d'étoffes de laine, chargées d'arabesque d'or en lames. Une table d'airain ciselé était au milieu. Six assiettes d'argent, disposées autour d'un énorme pâté, indiquaient le nombre des convives. Lydéric avait espéré qu'il retrouverait là Éloi. Mais le sage ministre ne paraissait jamais aux soupers du monarque. Le Flamand y trouva Æga et Audoenus, que Dagobert favorisait aussi de sa confiance.

Le roi, dès qu'il aperçut Lydéric, lui indiqua la place qui lui était réservée, et lui fit signe de se mettre à table. La faveur intime qu'il recevait le rassura un peu.

— Votre figure nous intéresse, jeune homme, lui dit Dagobert ; et nous espérons que votre voyage à notre cour aura bon succès. Après le souper, vous nous instruirez de ce qui vous amène.

— Je n'attendais pas un moins noble accueil d'un roi dont la grandeur est renommée par toute la terre, répondit Lydéric. Je viens chercher justice et j'étais sûr de l'obtenir.

On applaudit à la réponse du jeune étranger. Le souper fut gai ; le roi se montra un homme. Lydéric était redevenu tranquille et confiant, lorsqu'il lui fallut commencer son récit.

IX

LA FORÊT SANS MERCI. RÉCIT DE LYDÉRIC.

Il y a aujoud'hui vingt ans, dit-il, la vieille Morinie, que l'on commence à appeler le pays de Flandre, était gouvernée déjà, au nom du roi Clotaire II, de haute mémoire, par un seigneur nommé Phinart, qui est encore le chef de cette contrée, et qui s'est acquis à juste titre le renom de tyran sans pitié et de brigand sans honneur.

Dagobert releva la tête, surpris d'entendre caractériser si nettement un de ses grands officiers. Mais il se rappela qu'il n'avait pas visité la Flandre ; il se le reprocha et se décida à écouter. Lydéric poursuivit.

Ce Phinart, qui avait, dans les bourgs de Courtrai, de Gand et de Bruges, de bons séjours où il pouvait résider, habitait de préférence au pays de Bucq, dans une sorte d'île formée par la Lys et la Deule, une petite forteresse élevée au milieu d'une forêt qu'on appelle maintenant, à cause des félonies, meurtres et cruautés qui s'y sont commis, la forêt Sans-Merci. Des brigands à la solde de Phinart s'élançaient de cette forteresse, pour piller et détrousser les passants et les assassiner après les avoir volés. Aussi personne n'osait traverser la forêt Sans-Merci ; les étrangers seuls, ignorant les périls de ce repaire, s'y risquaient de temps en temps ; et il était rare qu'ils en sortissent.

Le Roi jeta un regard de reproche sur Æga, qui, étant un puissant seigneur de la Neustrie, devait connaître ces détails, et ne lui en avait jamais parlé. Puis il rendit son attention au narrateur.

Un jour du mois de mai de l'année 616, continua le jeune Flamand, on annonça à Phinart que d'illustres voyageurs s'engageaient dans le bois où il tendait ses embuscades. C'étaient de riches étrangers, parmi lesquels on remarquait un seigneur de noble apparence, une jeune dame et ses suivantes. Ils avaient une escorte de cent cavaliers et emmenaient leurs trésors dans plusieurs chariots. Le bon seigneur qui arrivait en tel équipage était Salvart, que le roi Clotaire avait ait comte de Dijon. Chassé de ce pays par une révolte, il conduisait à Furnes sa femme et ses joyaux, et comptait aller de là trouver le Roi; sa femme Emergarte était enceinte et près d'accoucher.

Phinart, quoiqu'il fût parent de Salvart et d'Emergarte, n'entendit pas plus tôt parler des trésors qu'il pouvait conquérir, que vidant sa coupe il se leva, sonna du cor, rassembla ses hommes : — Au butin! leur dit-il. Il sortit à la tête de cinq cents cavaliers et se posta sur le seul chemin où pouvaient passer Salvart et son escorte. Les voyageurs bientôt, voyant une grande troupe armée tomber sur eux à l'improviste, se mirent en défense; un combat opiniâtre se livra; la victoire se déclara pour le plus grand nombre; Salvart fut massacré avec tous les siens.

Il n'échappa de toute sa petite troupe que la belle Emergarte, qui s'était cachée dans le bois avec une seule servante, sans être remarquée par les assassins de son époux. Phinart, ravi de l'immense butin que lui donnait le meurtre, se disposait à rentrer dans son château de Bucq, lorsqu'on lui fit remarquer que parmi les morts on ne trouvait pas le corps d'Emergarte. Sa joie fut troublée; il redoutait que la jeune dame n'allât dénoncer son forfait au roi Clotaire, qui faisait aussi justice. Il mit donc tous ses gens à la recherche de la pauvre dame, leur promettant de magnifiques récompenses s'ils la lui ramenaient, morte ou vive.

Mais la dame, entraînée par l'effroi, s'était enfoncée très avant dans le bois. Elle marcha jusqu'à la nuit. Alors, se trouvant tout à fait égarée, elle s'arrêta au bord d'une petite fontaine, descendit de son palefroi, et se décida tristement à passer la nuit dans ce désert, sous la garde de Dieu. Elle ne fit jusqu'au matin que soupirer et souffrir. Au lever du soleil, un ermite, qui demeurait dans le voisinage, vint à la fontaine pour puiser de l'eau. Étonné de voir dans cette solitude une femme dont les riches vêtements annonçaient la noblesse, il s'en approcha avec intérêt et lui demanda la cause de ses pleurs. Emergarte lui conta tout ce qu'elle avait souffert, depuis la révolte qui l'avait obligée à fuir de Dijon, jusqu'au carnage de son escorte. L'ermite lui prodigua les consolations et les secours qui étaient en son pouvoir. La noble dame, rassurée par la présence du soleil, céda au besoin du repos qui l'accablait; et le solitaire, pour ne pas la troubler, se retira dans sa retraite.

Emergarte ne tarda pas à être éveillée par les premières douleurs de l'enfantement. N'ayant d'autre assistance que celle de sa fidèle servante, elle mit au monde heureusement un fils, qu'elle enveloppa dans son manteau, en le couvrant de baisers. La bonne servante, désolée de voir sa maîtresse sans secours dans un si pressant besoin, s'écarta un peu, et monta sur un petit tertre, d'où elle crut qu'elle pourrait reconnaître un chemin, et peut-être apercevoir des habitations. Elle s'en revint bien vite, épouvantée ; elle venait de voir une bande de gens armés qui s'approchaient : c'étaient les satellites du tyran; ils cherchaient la princesse. Emergarte, sans moyen de fuir, retrouva quelque force dans la crainte de livrer son fils aux brigands; elle se traîna vers un fossé que recouvraient d'épaisses broussailles; elle y cacha son enfant; et, le recommandant à Dieu, elle attendit les assassins, qui ne tardèrent pas à paraître.

— Laissez-moi dans cette forêt, leur dit-elle; je consens à n'en plus sortir. Mais ne me livrez pas aux meurtriers.

Les soldats de Phinart, attendris à sa vue et à son langage, mais n'osant négliger les ordres de leur chef redoutable, répondirent à Emergarte en l'assurant, sans peut-être croire eux-mêmes à ce qu'ils promettaient, que Phinart ne lui ferait aucun mal. Ils la placèrent doucement sur son palefroi, et l'emmenèrent avec sa servante au repaire de Bucq. En partant, la princesse jeta un dernier et triste regard sur la cachette où elle laissait son enfant, le remettant de nouveau, dans son cœur, sous la protection de Dieu et de Notre-Dame.

Un peu plus tard, l'ermite, pensant que la

noble dame devait être éveillée, revint à la fontaine, où il ne vit plus ni Emergarte, ni la servante, ni les deux palefrois. Mais il remarqua avec surprise une multitude de pies et d'autres oiseaux en grand mouvement, voltigeant avec des cris étranges au-dessus du fossé où la princesse avait caché son fils nouveau-né. Il s'en approcha et trouva sous les buissons un petit enfant, dont les petits bras tendus semblaient demander assistance. Persuadé que c'était le fils d'Emergarte, dont il ne pouvait s'expliquer l'absence, il l'emporta dans son ermitage, où il le nourrit du lait d'une biche familière.

Dix-sept ans plus tard, l'enfant d'Emergarte avait reçu de l'ermite le nom de Lydéric de Bucq.... et ce jeune homme, c'est moi, Sire.....

Le Flamand poursuivit, sans être arrêté par le mouvement qui se fit dans ses auditeurs :

— J'ai crû en force. L'ermite, qui autrefois avait suivi le métier des armes, m'avait donné de si bonnes leçons, que je me montrais habile à tous les exercices. Dans l'espoir de me préparer au grand projet qu'il avait conçu, l'ermite m'envoya dans une contrée d'Angleterre où règne un de mes parents. Je vivais joyeusement à sa cour, lorsque je reçus inopinément, du bon solitaire qui m'avait élevé, une lettre dans laquelle j'appris, d'une manière précise, mon nom et mes titres, l'histoire sanglante du meurtre de mon père, et les malheurs de ma mère, toujours captive de Phinart, qui la retient étroitement dans une tour. Je fis aussitôt le vœu solennel de ne plus reposer dans un lit, qu'après que mon père serait vengé, qu'après que j'aurais délivré ma mère. Je partis; et, sachant que Dagobert est bon justicier, que Phinart lui doit soumission comme vassal, je suis venu demander le combat de ma personne contre le meurtrier. Sire, je suis à vos genoux; je ne me relèverai de cette humble posture, que quand vous m'aurez accordé justice.

Dagobert, rejetant en arrière les longues tresses de sa chevelure, se leva avec colère :

— Quoi! dit-il, un si grand crime aurait souillé mes États! et vingt ans auraient passé sur le coupable impuni!

— Dieu est lent quelquefois dans sa justice, dit Audoenus avec calme : mais cette justice arrive alors plus terrible.

— N'êtes-vous pas abusé, jeune homme? reprit le Roi. Quelles preuves fournirez-vous contre Phinart? Car Dieu ne nous a pas donné sa lumière, et l'esprit de l'homme est exposé à l'erreur.

— Sire, ma mère est encore dans les prisons du tyran, et j'offre de soutenir ma parole par le combat.

— Assez, jeune homme; vous aurez justice, dit le Roi; vous jetterez votre gant à Soissons, où nous irons avec notre cour au jugement de Dieu, après l'octave de Pâques.

X

LA BASILIQUE DE SAINT-DENIS

E jeudi de la semaine de Pâques de l'année 636, il y avait un grand mouvement à la basilique de Saint-Denis, que Dagobert faisait construire.

Il devait venir, avant son départ pour Soissons, visiter ce bel édifice, devenu la principale occupation de sa vie, et donner un coup d'œil aux travaux qui touchaient à leur fin. La précieuse châsse destinée à conserver les restes mortels de saint Denis et de ses compagnons, saint Éleuthère et saint Rustique, était achevée entièrement; ce somptueux sépulcre était d'or, incrusté de pierres précieuses, et placé sous un dais d'argent. Rien de plus magnifique que toute cette église; l'autel qui s'élevait au milieu du chœur était partout revêtu de lames d'or ciselées; une croix d'or étincelante de pierreries le surmontait; un bassin d'argent, posé sur un élégant trépied en avant de l'autel, devait recevoir les offrandes des fidèles. Tous ces objets avaient été travaillés par Éloi, le plus habile ouvrier de ce règne, en même temps qu'il en était le ministre le plus sage. Les entre-deux des colonnes qui entouraient le chœur étaient drapés avec goût de fines étoffes tissues d'or, de soie et de perles. Le vaste bénitier était de porphyre, les portes du bronze le plus précieux.

Les châsses de saint Firmin d'Amiens, de saint

Saturnin de Toulouse, de saint Hilaire de Poitiers, reposaient dans les nefs.

Quatre mille livres de plomb, réservées chaque année sur le produit des mines du royaume, étaient employées à couvrir le monument. De nombreux ouvriers choisis travaillaient continuellement à Saint-Denis; et bientôt l'église royale où Dagobert devait trouver un tombeau allait être consacrée solennellement.

— Hâtons-nous, disait Tillon à quelques-uns qui disposaient les draperies des derniers arceaux; le seigneur Éloi va venir pour recevoir le Roi. Qu'il jouisse au moins le premier de la beauté de ce saint temple; car, entre nous, c'est presque tout son ouvrage.

— Il est vrai, répondit Jean de Soignies; et c'est grand et rare bonheur pour un prince de posséder un tel homme.

— Aussi, ajouta un vieux ciseleur, Dagobert n'est pas ingrat; il donne en vérité autant de relief au seigneur Éloi qu'à lui-même.

— C'est son intérêt, dit un maçon. Le seigneur Éloi l'étaie puissamment; et, entre nous, il lui a recrépi plus d'une crevasse.

— Qui a terminé les affaires de Bretagne? dit un frangier. De ce côté-là les lisières du royaume étaient toutes déchiquetées, sans la prudence du seigneur Éloi : non seulement, lorsqu'il se rendit à la cour de Judicaël, il décida ce duc à maintenir la paix; il l'amena même à Clichy, où, comme vous l'avez vu, il a fait hommage au roi Dagobert.

— Ce qu'il y a de prodigieux, dit à son tour un peseur, c'est le traité de paix des deux princes; alliance si bien balancée, qu'elle a satisfait les deux parties, et que le seigneur Éloi a reçu de magnifiques présents de Judicaël, aussi bien que de Dagobert.

— Et que lui a donné le Roi ? demanda Jean de Soignies.

— Un beau domaine auprès de Limoges, dit Tillon. Là, le seigneur Éloi fonde un monastère où tous les arts sont cultivés, où tous les frères travailleront. Ce n'est pas un homme que le seigneur Éloi; soyez sûr que nos enfants l'honoreront comme un saint.

— Ce sera justice, s'écria un cirier, sans parler de sa charité ardente, de sa piété qui brille comme un flambeau à sept branches. Il est avéré qu'il a fait des miracles.

— Il a ressuscité des morts dit une voix.

— Et que de têtes il a sauvées! ajouta Tillon, en se penchant d'un air significatif vers Jean de Soignies.

— Voici un de ses traits, dit le frangier. Un jour que le seigneur Éloi s'en revenait du village de Gentilly à Paris, en arrivant au faubourg de Saint-Pierre [1], il se sentit fatigué ; il entra, avec sa suite, qui était honorable et nombreuse, dans la maison d'un pauvre homme dont il voulait honorer la vertu et la piété. Le bonhomme fut plein de joie de recevoir chez lui un si saint personnage. Mais il était pauvre ; son cœur se serra en songeant qu'il ne pouvait lui offrir une collation. Il se hâta pourtant de descendre à sa cave, et il tira du vin à son tonneau, où il n'en restait plus que deux ou trois pots. Il offrit à boire à toute la compagnie qui escortait le seigneur Éloi ; plus de trente pots se vidèrent, au grand étonnement du bonhomme, qui ne comprenait rien à ce prodige.

[1] A présent la montagne Sainte-Geneviève.

Il fût bien plus émerveillé lorsque, se retrouvant seul, il alla visiter sa tonne, qui était encore pleine. Est-ce un miracle ?

— Un miracle de charité, dit Tillon.

En ce moment le guetteur, placé sur la tour de l'église, sonna du cor. Il annonçait l'arrivée d'Éloi.

Le ministre montait un cheval superbe, que personne n'avait pu dompter, et qui n'était docile que sous sa main. Il entra bientôt dans la basilique, s'agenouilla et fit sa prière devant les reliques que l'on y conservait ; puis, examinant les travaux, il distribua à tous les ouvriers des paroles encourageantes.

— Seigneur, lui dit Jean de Soignies en le saluant, on dit que le Roi doit venir ici. Puis-je affronter sa présence ?

— Assurément, répondit Éloi. Cette enceinte révérée est un lieu d'asile où vous êtes sous la main de Dieu. Les trois saints qui le protégent ont offert à Dagobert lui-même un abri assuré ; il ne le violerait jamais, quand même sa colère durerait encore.

Éloi finissait à peine ces mots, que le bruit

des chevaux, des cors de chasse et des autres instruments de musique, les aboiements des chiens et les cris du peuple proclamèrent la présence du roi Dagobert, qui, avec sa cour tumultueuse, fut en un instant devant les magnifiques portes d'airain ciselé de l'église de Saint-Denis. En une seconde, tout le bruit cessa; toute cette cour entra dans les nefs avec recueillement et en silence. Le Roi parut ravi de tout ce qui était fait. Après qu'il eut donné de ses mains trois sous d'or à chaque ouvrier, ses regards rencontrèrent l'envoyé de Samon; il parut stupéfait.

— A-t-on dédaigné ma justice? dit-il avec emportement.

— Non, sire, répondit Éloi, votre justice a eu son cours; mais, par un don que m'a fait votre générosité, j'ai pu enlever au bourreau une proie trop précieuse: car un ambassadeur est sacré, sire, quel que soit le souverain qui l'envoie. Samon, qui est un barbare, a respecté Sicharius.

— Vous êtes sage, Éloi; vous avez agi fort bien. Samedi je donnerai l'audience publique

que j'avais promise à cet homme ; mais je ne ferai la réponse qu'après le jugement de Soissons, et je la ferai à la tête d'une armée. Pour vous, guerrier, continua-t-il en s'adressant à Jean, ne redoutez plus rien ; vous êtes sous la sauvegarde des saints que j'honore le plus. Après que vous m'aurez exposé votre mission, vous partirez.

— Votre Puissance, reprit Éloi, ne souffrira-t-elle pas que Jean de Soignies accompagne dans la lice le jeune Lydéric, qui a besoin d'un second ?

— Soit, dit le Roi, si le fils de Salvart n'a pas d'autre champion ; et, le lendemain du combat, cet homme ira rejoindre celui qui nous l'a député.

— Il sera fait selon votre volonté, sire, répondit Jean.

Le Roi alors sortit de l'église ; toute la cour remonta à cheval et reprit le chemin de Clichy. Éloi allait à côté de Dagobert. On présume qu'il l'entretint des offres de Samon, qu'il les lui fit envisager sous un point de vue utile, qu'il adoucit son premier courroux ; car il se montra gracieux à l'audience publique du samedi. Il reçut Jean de Soignies avec grande pompe, coiffé de sa couronne, vêtu de son manteau de roi, tenant son sceptre à la main et assis sur le fameux trône que l'on admire encore à la grande Bibliothèque de Paris, comme un ouvrage de saint Éloi, mais qui est dépouillé aujourd'hui des précieuses lames d'or dont se recouvraient le fer et le cuivre qui le composent.

Après que Jean de Soignies eut fait à haute voix, devant toute la cour, la proposition de Samon, Dagobert se contenta de répondre, d'un ton où l'on ne put soupçonner aucune malveillance.

— J'aviserai.

On remarqua pourtant qu'il ne fit à l'ambassadeur aucun présent, contre son habitude.

Le matin du lundi qui suivit le dimanche de Quasimodo, la cour de Dagobert était en marche pour Soissons, où elle n'arriva que le jeudi.

Qu'on nous permette de placer ici quelques récits de ces temps reculés, qui occupèrent les sérieux entretiens de Baldéric et du fils d'Ermengarte, dans ce voyage. Ils se rapportent encore aux ancêtres de Dagobert.

XI

LÉGENDE DU ROI DE TOURNAY

C'est Childéric, roi de mauvaise vie.
RONSARD, *Franciade*.

PHARAMOND ou Varmond, qui a laissé son nom à un bourg de la Hollande, n'a régné sans doute que sur les bords du Rhin. C'est ce qui explique le silence de Grégoire de Tours à propos de ce prince, dont on a fait la tige de la monarchie des Francs. Adon, Aimoin, Saint-Prosper, le nomment. Les vieilles chroniques vous diront qu'il fut élevé sur le pavois au lieu qu'on appelle encore Vrankryk (royaume des Francs), entre Herck et Haelen, dans le Limbourg belge [1].

[1] Il y eut avant Pharamond des rois francs dont nous donnerons, à la fin de ce volume, la chronologie fabuleuse.

On place cet événement vers l'an 420. Mais, depuis deux siècles déjà, les Francs avaient place dans l'histoire. On les voit aux prises avec Aurélien en 240; en 277 avec Probus. Dix ans plus tard, Carausius, l'un de leurs chefs, s'empare de l'île des Bretons et y règne. D'autres princes francs reçoivent à Rome les dignités de patrices et de consuls. Jusqu'à Pharamond pourtant, et même un peu après lui, les Francs étaient encore nomades.

Si Clodion, qui lui succéda, était son fils, c'est ce qu'on ne saurait établir. Mérovée, le troisième de ces rois, parent peut-être de Clodion, est le chef de la race dite mérovingienne. Il se consolida par sa victoire sur Attila, et laissa le trône à son fils Childéric, qui s'était vaillamment conduit dans cette grande bataille.

On dit que Clodion tenait sa cour à Diest, ou plutôt à Kakenburg [1], au pays de Louvain. Il paraît que Mérovée siégeait à Tournay. On voyait jadis en cette ville, au lieu où s'élève

[1] Les Bollandistes croient qu'il faut dire Kaghenburg, qui signifie bourg ou manoir du roi, *regius burgus*. Les rois des Tartares s'appelaient kagans ou kans. On trouve aussi kaghenvinne, ou *regius finis*, limite du roi, auprès de Diest.

maintenant le beffroi, une grosse et forte tour qui donna son nom à la cité; car on appelait cette forteresse *Turris Nerviorum*, la tour des Nerviens, comme on disait le Marais des Parisiens, *Lutetia Parisiorum*.

Et ladite ville et cité de Tournay étant pour lors, comme dit Fauchet, la ville royale des rois francs, vers le milieu du mois de mars de l'an 463, par une de ces sombres soirées qui rappellent tristement que l'hiver ne s'est pas retiré encore, beaucoup de lumières brillaient dans une grande maison bâtie à côté de la grosse tour. Plusieurs personnes s'y rendaient en silence, comme pour une réunion mystérieuse. Les femmes n'y étaient point admises, ce qui, dès ce temps-là, eût pu faire supposer qu'il s'agissait de choses très graves.

Tournay, saccagée par Attila, renaissait à peine. C'était une ville pour le moment un peu abandonnée. Le roi Egidius tenait sa cour dans Amiens.

Égidius était un patrice romain, que le peuple d'Amiens avait proclamé roi, après l'expulsion de Childéric, et que quelques-uns pensent avoir été ce fils de Clodion qui se mit sous l'appui d'Aétius, comme on le lit en de vieilles chroniques, lors de l'usurpation de Mérovée. —

Des conversations s'établirent bientôt parmi les premiers arrivés; car les Tournaisiens ont toujours été un peu plus parleurs que les Flamands, leurs voisins. On causa des choses nouvelles, sans oser entamer d'abord les intérêts politiques. Un fabricant d'armures, que le passage des Huns avait ruiné, raconta longuement la merveilleuse puissance de l'évêque Eleuthère, qui venait de rendre à la vie une jeune fille nommée Blanda.

— Par Ébron le redoutable[1] ! dit un conducteur de chariots, de tels prodiges donneraient envie de servir le puissant Dieu des Chrétiens. C'était le Dieu de Piat, qui, aux temps de Maximien, convertit à sa foi quinze mille Nerviens, bâtit un temple qu'ils appellent l'église de Notre-Dame ; et, décapité en cette ville, fut enterré à Seclin.

— Le Dieu des Chrétiens est fort, ajouta un brasseur ; mais les nôtres sont vaillants aussi.

[1] Ebron était une idole des Tournaisiens.

Notre Dieu Ébron ne nous refuse pas les oracles.

Ce dieu Ébron, que l'on adorait à Tournay, était un automate qui remuait les yeux, la tête et les mains. Le peuple le consultait ; il rendait toujours des réponses à double sens. Saint Eleuthère le pressa de questions si précises, qu'il le rendit muet, et le peuple l'abandonna. On voyait anciennement, sur le frontispice de l'hôtel-de-ville de Tournay, une tête de diable taillée en pierre, que l'on disait avoir été mise là en mémoire d'Ébron. Elle y resta jusqu'à l'an 1610.

— D'ailleurs, dit un cordier, une raison qui doit nous engager à ne pas changer nos dieux, c'est qu'ils nous accordent de grandes faveurs. N'oublions pas que notre roi Mérovée, qui vainquit Attila et chassa les Huns, était fils d'Hesus, qui souvent s'est montré aux bords de la mer sous la forme d'un taureau marin. Les taches de rousseur qui ornaient son visage, ainsi que sa chevelure fauve, témoignent de cette grande origine [1].

— Et plût aux dieux, dit un vieux guerrier

[1] Nos vieux historiens disent, au moyen-âge, qu'en effet le nom de Mérovée (*Meir veich*) signifie veau de mer.

nervien, que le fils d'un si noble roi n'eût pas dégénéré!...

Cependant, l'assemblée se trouvait au complet. On introduisit un homme vêtu d'une cuirasse de fer poli, portant un long sabre attaché sur sa cuisse droite avec une chaîne d'airain brillant, la tête couverte d'un casque surmonté d'une simple aigrette, pendant que les autres chefs avaient sur leur armet quelque tête de loup, de serpent ou de lion.

C'était un grand personnage. C'était Wiomade, que nos chroniques appellent Guyomans, comme elles ont appelé Egidius, Gillon ou Gilles; ce qui suppose un goût peu délicat pour l'harmonie des mots. Viomade, autrefois l'ami de Childéric, était maintenant le ministre favori d'Egidius.

Quand les peuples que gouvernait Childéric se furent lassés du joug de ce jeune tyran débauché, et qu'ils l'eurent chassé d'Amiens où il régnait dans l'oubli de ses devoirs, Egidius avait été reconnu roi à sa place. Pendant qu'il fuyait chez les Tongres, Wiomade, son ami dévoué, jouant le mécontent, était resté auprès du nouveau monarque, lui avait fait faire des fautes, l'avait jeté dans les excès et conduit à sa perte.

Il exposa naïvement à l'assemblée la conduite diplomatique qu'il avait tenue. Les auditeurs, n'ayant pas souffert, comme ceux d'Amiens, des déportements de Childéric, se déclarèrent pour lui contre Egidius.

— Toutes les villes partagent vos sentiments, leur dit adroitement Wiomade. Nous irons donc demain à la rencontre du fils de Mérovée, absent depuis sept ans de notre pays. Il n'est pas maintenant bien loin de vous. C'est à Tournay qu'il tiendra sa cour, non pas seulement à cause de la bonne position de cette ville, de sa salubrité, des chemins militaires que les Romains ont fait dans le Tournaisis, mais à cause de la singulière affection qu'il porte à ses habitants.

L'assemblée battit des mains en signe d'approbation :

— D'ailleurs, dit le brasseur, les druidesses ont annoncé que la lune où nous entrons éclairerait Tournay redevenue ville royale, et que de hautes destinées attendaient le second règne de Childéric.

Car nos pères, en ce temps-là, avaient encore leurs druides et leurs femmes voyantes ou douées de la seconde vue, qui rendaient des oracles. Peut-être n'est-il pas inutile d'en dire ici quelques mots et de donner l'histoire d'une de ces druidesses, moins connue que Velléda, pour faire comprendre au lecteur l'importance de ces femmes. Voici donc ce qui se racontait alors, et ce que les chroniqueurs nous ont conservé :

La ville de Tongres, aujourd'hui si modeste, fut jadis une grande et noble cité. Avant toutes les dévastations qui l'ont réduite à un rang presque obscur, Tongres comptait parmi les capitales. Il y eut des rois de Tongres. Au troisième siècle, cette ville était une des principales cités des Gaules belgiques. Vaste, populeuse, riche et commerçante, elle dominait, fière de son nom.

La nation dont elle était le chef-lieu occupe souvent, depuis César, une place distinguée dans l'histoire ; et même, si l'on en veut croire les vieilles chroniques, Tongres, fondée par le bon roi Tongris, fils de Torgot, florissait déjà sept cents ans avant l'ère chrétienne.

Pendant l'hiver de l'an du salut 270, un passage de troupes romaines mit en mouvement tous les aubergistes de Tongres. On sait qu'alors ce pays vivait, ainsi que le reste des Gaules, sous le patronage obligé de l'Empire. Plusieurs usages venus de Rome s'étaient mêlés aux habitudes nationales; des statues ornaient les places; des poêles de fonte, depuis longtemps introduits dans les Gaules par les Romains, remplaçaient presque partout l'insuffisance des anciennes cheminées.

Dans une des auberges les moins apparentes, un soldat romain se présenta pour passer la nuit. C'était un Dalmate qui, sorti d'une humble origine, n'avait reçu de ses parents ni éducation, ni fortune. Mais, doué d'une figure mâle, d'un naturel ardent, d'un cœur plein de force, il pouvait prétendre à quelque avenir. Il ne connaissait, à ce qu'il paraît, que sa mère Dioclée, du nom de laquelle il se faisait appeler Dioclès.

Il avait de l'incertitude dans le caractère, mais l'âme ambitieuse, le sang chaud, l'esprit puissant et hardi.

Il se mit auprès du poêle, soupa avec modération, et s'alla reposer sur un mauvais lit, sans se plaindre. Le lendemain, après un léger repas, il paya sa dépense, non sans contester sur le prix.

— Vous êtes bien avare, lui dit une femme qu'il n'avait pas encore remarquée et qui se trouva debout devant lui.

Le Dalmate leva les yeux et vit une grande personne qui paraissait avoir trente ans, et qui fixait sur lui des regards pleins de flamme. Elle était vêtue d'une courte robe noire, zébrée de banderoles rousses; sa taille était contenue par une ceinture; elle portait, comme les hommes, un large pantalon d'étamine blanche, lié à la cheville du pied sur des brodequins de cuir blanc; un mantelet de grosse laine à petits carreaux bruns couvrait sa tête et ses épaules. Comme les habitants de Tongres, habitués à se raser de près, ne portaient à cette époque ni barbe, ni moustaches, on eût pu prendre cette femme pour un jeune homme, à la hardiesse de ses manières, si la finesse de ses traits, le gui de chêne qui retombait sur son front, et la longueur de ses cheveux blonds nattés et tressés, n'eussent révélé, ainsi que le timbre de sa voix, qu'elle appartenait à un sexe plus délicat.

Dioclès, frappé, la regarda un instant sans répondre. Puis, remarquant que tous les assistants montraient à cette femme une sorte de profond respect, il dit, en cherchant à sourire :

— Je serai plus généreux quand je serai empereur.

Le soldat ne pensait faire là sans doute qu'une plaisanterie indifférente. L'Empire, livré alors à des chefs élus, changeait si souvent de maître, que ce mot semblait permis. Mais la dame aux cheveux blonds n'accueillit pas ainsi ce propos ; un éclair passa dans ses yeux. Elle regarda plus vivement le Dalmate, et lui prenant la main avec recueillement :

— Vous riez, dit-elle d'une voix grave; cependant souvenez-vous de ma sérieuse promesse : Vous serez empereur quand vous aurez tué le sanglier : *Imperator eris quum aprum occideris.*

Après ces mots, la femme étrangère disparut.

Un nouveau silence suivit son départ. Le soldat voulut faire bonne contenance et se livrer à un éclat de rire. Il n'en put trouver la force; il demanda, d'un air contenu, qui était cette femme?

— C'est une de nos druidesses, répondit l'hôte avec révérence. Elle habite la forêt et ne vient qu'une fois par lune au milieu de nous. Le chêne sous lequel elle parle est sacré. Les conseils qu'on y reçoit viennent du Ciel. Ses prophéties ne sont que la révélation des décrets divins. Quand celle qu'elle vient de faire pour vous sera accomplie, rappelez-vous Tongres.

Telle était la renommée de ces femmes, qu'on ne doutait pas de leur parole.

Le soldat s'en alla pensif, entouré des marques de respect de toute l'hôtellerie.

Dioclès avait la prétention d'être philosophe. Néanmoins il resta frappé de la promesse que venait de lui faire la druidesse de Tongres. Il s'adonna à la chasse du sanglier. On sait que cet animal en latin se nomme *aper*. Il en tuait de sa main fréquemment, et l'Empire n'arrivait pas pour lui. Mais il s'élevait sans cesse en dignités. Il parvint de grade en grade aux fonctions de préfet du palais impérial et de gouverneur des domestiques.

Les empereurs Aurélien, Probus, Tacite, Florian, Carus, Carinus, Numérien, s'étaient succédé en moins de dix ans. Ils avaient disparu assassinés.

— Je ne cesse de tuer des sangliers, disait Dioclès, et toujours c'est un autre qui en a les profits.

Cependant le dernier empereur, Numérien, ayant été mis à mort par le préfet du prétoire nommé *Aper*, le Dalmate, alors comme on l'a dit chef des officiers du palais, crut voir là un trait de lumière. Il tira son épée, l'enfonça dans le sein d'Aper, et s'écria :

— Enfin l'oracle est accompli. J'ai tué le sanglier fatal.

Au même instant, en effet, par une acclamation de l'armée et du peuple, Dioclès, qui, pour latiniser son nom, se faisait appeler depuis peu *Diocletianus*, fut proclamé empereur. Ceci eut lieu en l'année 284.

Il releva par sa vigueur l'empire chancelant; et il eût pu être un grand homme, s'il n'eût souillé et avili son nom par la cruauté avec laquelle il persécuta les chrétiens. Il joignit à ses crimes une vanité singulière ; il pensait relever sa bassesse par un luxe inouï. Il croyait peu à la vertu ; il méprisait les hommes. On a dit, pour l'excuser, qu'il ne se fit le bourreau des Chrétiens qu'en cédant aux suggestions opiniâtres du féroce Galérius. Mais cette grande persécution, qui fit tant de martyrs, pèsera à jamais sur sa mémoire ; et ce n'est pas ici le lieu de rapporter son abdication forcée et les peines méritées qui marquèrent la fin de son odieuse vie.

Revenons au roi de Tournay.

Le lendemain de l'assemblée nocturne des Francs, — conduits par Wiomade, les principaux de Tournay, auxquels se joignirent de toutes parts ceux des autres villes, allèrent au-devant de Childéric, qu'ils trouvèrent à Peer, dans la Campine. Wiomade l'avait prévenu, en lui envoyant la moitié d'une pièce d'or qu'ils avaient rompue et qu'ils s'étaient partagée en se quittant.

Childéric était encore un jeune homme. Il avait une belle figure, fanée par les excès, mais encadrée dans une vaste chevelure d'un blond foncé, qui flottait en boucles sur ses épaules. Ils le trouvèrent assis devant une petite table, occupé à chercher les secrets de son avenir dans une boule de cristal grosse comme une balle de paume, sur laquelle un faible rayon de soleil, ménagé à travers une fente de la porte, variait les figures et les prismes.

Son idole, ou la petite image sacrée de son dieu patron, était sur la table. C'était un bœuf marin, sculpté en or. Il le portait toujours près de lui ; et, quand il voyageait, il le mettait sur la tête de son cheval, entre les deux oreilles, comme un talisman qui devait écarter de lui tout péril. Un page, à ses côtés, tenait son épée, dont le bout du pommeau était orné de deux petites têtes de veau accolées ensemble.

Dès qu'il aperçut la suite de Wiomade, il se leva. Il avait des chausses de drap rouge, une tunique ou robe de dessous qui lui tombait presque sur les pieds, une autre robe de couleur d'azur, faite à peu près comme nos blouses d'aujourd'hui, très longue encore et ne laissant voir que deux ou trois pouces de la tunique blanche. Sa hache d'armes était à sa droite, attachée à un baudrier tissu de plusieurs couleurs. Ses reins étaient ceints d'une ceinture de cuir noir, qui, s'échappant de la boucle avec une sorte de négligence, pendait jusqu'à terre. Sa bourse ou escarcelle était fixée par deux longues cordes d'or à un anneau passé dans la ceinture. Son manteau, bleu foncé, semé d'abeilles d'or, ressemblait un peu par sa forme à la limousine de nos rouliers. Il était retenu sur la poitrine par deux cordons de laine.

Childéric était haut de cinq pieds six pouces, et pourtant il semblait petit, parce qu'il avait toujours auprès de lui un serviteur franc de six pieds et demi, qui se nommait Weild, et qui ne l'avait jamais quitté.

Il reçut de l'air le plus affable les envoyés de ses peuples, s'en revint triomphant avec eux, reprit la couronne et siégea à Tournay. Son palais était aux lieux où l'on voit à présent l'église de Saint-Brice.

Mais il fallut que sur-le-champ il marchât

contre Egidius ; il eut le bonheur de le vaincre. Egidius, repoussé, fut relégué à Soissons, où les siens l'abandonnèrent, avec la légèreté qu'ils avaient mise à l'élire. Car, « dès lors, ajoute le président Fauchet, nos pères étaient déjà comme nous, inconstants, variables, en même temps que courtois et accostables aux étrangers. »

Le fils de Mérovée acheva de regagner l'affection de ses peuples, en prenant Cologne, Trèves, Metz, et en leur donnant de la gloire, qui chez les Francs a toujours fait pardonner bien des torts.

Il n'était pas entièrement corrigé ; ou du moins il ne l'était pas depuis longtemps. Durant son exil, à Tongres, reconnaissant mal l'hospitalité que lui donnait le roi de ce pays, il s'était épris de la reine Bazine, sa femme, qui était de la race des druidesses. Mais il était revenu sans pouvoir l'enlever ; et un jour qu'il était dans son palais de Tournay, au milieu de ses courtisans, cette jeune reine, qui, dit-on, était belle, ayant quitté Tongres et le roi son époux, selon les mœurs déréglées de ces temps héroïques, parut tout à coup devant Childéric.

— Comment avez-vous pu, lui demanda le roi étonné, fuir si hardiment seule, et venir ici sans escorte à travers tant de dangers?

— Je savais, dit-elle d'un ton prophétique, que je dois être la femme d'un roi vaillant; et si j'eusse connu, même au delà des mers, un prince plus brave et plus digne que vous, je les aurais traversées pour l'aller trouver.

Le Roi, flatté de la tournure de ce compliment et toujours épris d'une femme dont il révérait la science, épousa la reine Bazine, sans s'embarrasser de son premier mari. C'étaient les mœurs des Francs idolâtres.

Or cette reine, qui, dans Aimoin et dans Frédégaire, est représentée comme une grande magicienne, ne voulut pas que le premier jour de ses noces fût sans merveilles. Le soir donc étant venu, lorsqu'elle se vit seule avec Childéric, elle le pria d'aller à la porte de son palais et de lui rapporter ce qu'il aurait vu sur la place d'armes, qui s'étendait jusqu'à l'Escaut.

Childéric, connaissant Bazine femme d'entendement et savante en l'art de deviner, car de tout temps, dit Fauchet, il y en a eu de telles dans le nord des Gaules, Childéric se conforma avec soumission à cet avis mystérieux. Il se mit patiemment en observation et vit la semblance de grandes bêtes qui se promenaient sur la place. C'étaient des léopards, des licornes et des lions. Surpris et même, dit-on, un peu effrayé de ce spectacle, il rentra à la hâte. Mais Bazine, du ton d'oracle qu'elle avait pris, lui dit de retourner une seconde et une troisième fois. Il vit d'abord des loups et des ours qui s'entre-couraient sus, et ensuite des chiens et d'autres petits animaux qui se pillaient et se déchiraient.

La reine ne lui expliqua qu'au point du jour, quand toutes les visions se furent évanouies, ce que signifiaient ces prodiges.

— C'est, lui dit-elle, une image de notre postérité. Les lions et les licornes désignent le fils qui naîtra de nous et qui sera très puissant. Les loups et les ours sont ses enfants, princes vigoureux et avides de proie. Les chiens, aveuglément livrés à leurs passions, sont les derniers rois de votre race. Quant à ces petits animaux que vous avez vus déchirés, c'est le peuple, livré aux vainqueurs et toujours victime....

Childéric eut de Bazine un fils, qui fut le grand Clovis; une fille nommée Alboflède, qui, vers 497, épousa Théodoric, roi des Ostrogoths, et Lantilde, une autre fille, qui se fit religieuse. Son royaume comprenait des portions de la Hollande et de la Belgique actuelles, de la Prusse rhénane et de la France jusque vers Senlis.

Après un règne exempt de nouveaux orages, laissant le trône à Clovis son fils, qui n'avait que seize ans, Childéric mourut à Tournay en l'an 481.

On l'enterra, selon l'usage, dans le jardin de son palais. Il fut enseveli avec sa couronne, vêtu de son riche manteau royal, que parsemaient trois cents abeilles ouvrées en or massif. On mit auprès de lui son épée à sa droite, sa lance à sa gauche, sa hache d'armes sous sa tête, son globe à deviner sous sa main droite, et sous l'autre son escarcelle remplie de pièces d'or et d'argent, avec ses tablettes et son stylet à écrire. Son petit dieu fut placé sur son estomac ; son anneau royal resta à son doigt. On inhuma avec lui son cheval de bataille, son page d'écurie, et le fidèle Weild, qui se laissa immoler avec joie pour suivre son maître. Ce tombeau curieux, découvert en 1653, vint justifier tous ces détails; car la terre a aussi de l'histoire dans son sein[1].

[1] Le tombeau de Childéric fut découvert à Tournay, auprès de l'église de Saint-Brice, le 27 mai 1653, à sept pieds du sol, dans une fouille que l'on faisait pour rebâtir la maison du trésorier de l'église. On y trouva, à côté de lui, le squelette entier d'un homme haut de plus de six pieds; c'était, dit-on, son esclave favori; de l'autre côté le squelette plus petit de l'écuyor qu'on avait tué pour l'accompagner dans l'autre monde; le mors et les os de son cheval, avec un fer et des débris de harnais; la pique ou framée du roi; sa hache d'armes; une petite tête de bœuf d'or qui était son idole; un globe de cristal dont on croit qu'il se servait pour consulter l'avenir; des tablettes avec leur stylet; la garde d'une épée; des boucles, des agrafes, trois cents abeilles d'or massif qui parsemaient son manteau royal; deux cents pièces d'or, deux cents pièces d'argent, frappées à l'effigie de divers empereurs romains; son anneau d'or et son sceau, qui portait son buste gravé sur pierre, avec cette légende : *Childerici regis*. Le marquis de Trazégnies, gouverneur de Tournay, homme au-dessus de tout éloge, *omni laude major*, rassembla tout ce qu'il put sauver de ce trésor et en fit faire l'histoire explicative ornée de figures. C'est l'*Anastasis Childerici* de Jean-Jacques Chifflet, Anvers, 1655, in-4°. — Les commentateurs expliquèrent que Childéric adorait le bœuf, symbole du travail, et les abeilles que l'on dit nées du bœuf *, symbole de l'abondance. — Mais que n'explique-t-on pas?

* *Apum ex Api, seu bove, generatio*. Voyez Virgile, *Géorgiques*.

XII

QUELQUES LÉGENDES DE CLOVIS

Hic fuit magnus et pugnator egregius.
GRÉGOIRE DE TOURS.

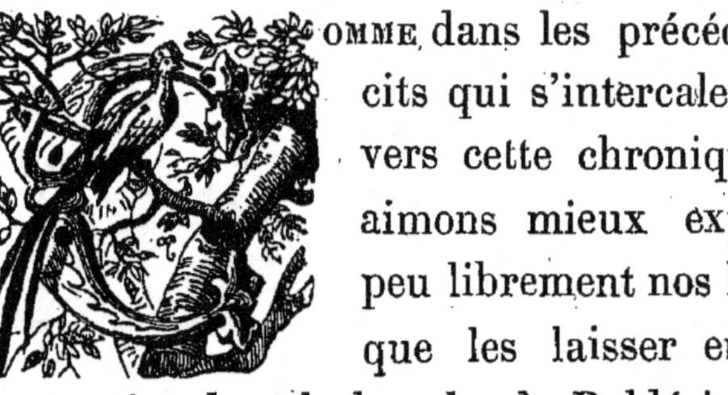

OMME, dans les précédents récits qui s'intercalent à travers cette chronique, nous aimons mieux exposer un peu librement nos légendes, que les laisser en rapide sommaire dans la bouche de Baldéric.

« Voici déjà poindre, dit M. de Châteaubriand, à propos des noces de Childéric et de Bazine, l'imagination du moyen-âge. Elle se retrouve dans l'histoire du mariage de Clotilde, nièce de Gondebaud, roi des Burgondes.

» Le gaulois Aurélien, déguisé en mendiant, portant sur son dos une besace au bout d'un bâton, est chargé de message. Il devait remettre à Clotilde un anneau que lui envoyait Clovis, le

Clovis et Clotilde. — Statues de l'église de Corbeil.

roi des Francs, afin qu'elle eût foi dans les paroles du messager. Aurélien, arrivé à la porte de la ville (Genève), y trouva Clotilde assise avec sa sœur Sedleuba [1]. Les deux sœurs exerçaient l'hospitalité envers les voyageurs; car elles étaient chrétiennes [2].

» Clotilde s'empresse de laver les pieds d'Aurélien; celui-ci se penche vers elle et lui dit tout bas :

— Maîtresse, j'ai une grande nouvelle à t'annoncer, si tu me veux conduire en un lieu où je te puisse parler en secret.

— Parle, lui répond Clotilde.

» Aurélien dit :

— Clovis, roi des Francs, m'envoie vers toi. Si c'est la volonté de Dieu, il désire vivement t'épouser; et, pour que tu me croies, voici son anneau.

» Clotilde l'accepte, et une grande joie reluit sur son visage. A son tour elle remet au messager son anneau pour Clovis, et lui dit :

— Prend ces cent sous d'or pour récompense

[1] Sedleuba se fit religieuse.

[2] Elles étaient catholiques, quoique élevées parmi des ariens.

de ta peine. Retourne vers ton maître ; dis-lui que s'il me veut épouser il envoie promptement des ambassadeurs à mon oncle Gondebaud.

« C'est une scène de l'Odyssée[1]. »

Aurélien part ; il s'endort en route. Un mendiant lui vole sa besace, dans laquelle était l'anneau de Clotilde. Mais ce mendiant est pris et l'anneau retrouvé.

Peut-être ces détails, que passeraient avec quelque dédain les écrivains graves, sont-ils exacts. On n'y voit de l'imagination que parce qu'ils sont intéressants.

« Clovis expédie des ambassadeurs à Gondebaud, qui n'ose refuser sa nièce au roi des Francs. Les ambassadeurs présentent un sou et un denier, selon l'usage, fiancent Clotilde au nom de Clovis, et l'emmènent dans une basterne[2].

Clotilde trouve qu'elle ne va pas assez vite ; elle craint d'être poursuivie par Aridius, son ennemi[3], qui peut faire changer Gonde-

[1] M. de Châteaubriad, *Études sur l'histoire de France.*

[2] Char attelé de bœufs.

[3] Conseiller du roi des Burgondes.

baud de résolution. Elle saute sur un cheval, et la troupe franchit les collines et les vallées.

» Aridius, sur ces entrefaites, étant revenu de Marseille à Genève, remontre à Gondebaud qu'il a égorgé son frère Chilpéric, père de Clotilde; qu'il a fait attacher un pierre au cou de la mère de sa nièce, et l'a précipitée dans un puits; qu'il a fait jeter dans le même puits les têtes des deux frères de Clotilde; que Clotilde ne manquera pas d'accourir se venger, secondée de toute la puissance des Francs. Gondebaud, effrayé, envoie à la poursuite de Clotilde. Mais celle-ci, prévoyant ce qui devait arriver, avait ordonné d'incendier douze lieues de pays derrière elle [1] ... »

La princesse sauvée arriva à Soissons.

Clovis avait un peu plus de vingt-sept ans. Élevé à quinze ans sur le pavois, il y en avait douze qu'il régnait; et ses victoires lui avaient fait un grand nom. Il avait joint la Tongrie aux États de son père. Vainqueur de Syagrius, il lui avait enlevé le royaume de Soissons. Il s'était

[1] M. de Châteaubriand, *ibid*.

emparé du royaume des Morins. Il s'agrandissait de jour en jour.

Quoiqu'il ne fût pas chrétien, il avait de la révérence pour les Évêques catholiques. Ses soldats, dont le plus grand nombre était encore idolâtre, avaient pillé au commencement plusieurs églises. Mais saint Remi, évêque de Reims, avait obtenu de lui que désormais les édifices religieux fussent respectés. Après sa victoire sur Syagrius, il lui avait même demandé un vase précieux que ses soldats avaient pris à Soissons, et Clovis lui avait répondu : — Qu'un de vos serviteurs nous suive; au partage du butin, si ce vase m'est accordé, il est à vous.

Nous rapportons cette anecdote, parce qu'elle peint les mœurs du temps.

Quand le roi, disent les chroniques, fut arrivé dans la ville de Soissons, qu'il venait de conquérir, l'armée forma un cercle, au milieu duquel on apporta tous les objets de prix que le pillage avait récoltés. Clovis, s'adressant à ses braves compagnons, les pria de joindre à son lot, dans le partage, le vase que demandait saint Remi. Les plus sages des guerriers répondirent:

— Tout ce butin est à toi, si tu le veux; nous sommes nous-mêmes tes fidèles; et aucun de nous ne prétend résister à ton désir.

L'armée applaudissait à ce langage. Mais un Franc indiscipliné [1] frappa violemment le vase de sa hache en s'écriant :

— Tu n'as rien ici à prétendre, si ce n'est la part que le sort te fera.

Clovis, pour le moment, supporta en silence cette injure. Il n'en reçut pas moins le vase, qu'il envoya à saint Remi ; et l'année suivante, ayant réuni ses troupes en champ de mars pour une grande revue, après qu'il eut inspecté la tenue de tous les siens, il s'arrêta devant le soldat qui l'avait insulté :

— Tes armes sont mal soignées, lui dit-il, ton javelot, ton glaive, ta hache sont une honte pour un guerrier.

En disant cela, il prend la hache du soldat et la jette à terre. Le Franc se baisse pour la ramasser; Clovis alors lui fend la tête avec sa francisque.

[1] Écervelé, *cerebrosus*, dans Grégoire de Tours.

— Voilà, dit-il, pour ce que tu as fait au vase de Soissons.

Tel était l'homme énergique que Clotilde venait épouser, et qui devait demander compte au roi des Burgondes du massacre de sa famille.

Le mariage du roi des Francs avec une princesse catholique lui gagna les esprits; car la Religion chrétienne s'était beaucoup étendue dans les Gaules. Il était à trente ans l'un des plus grands monarques de son époque, lorsqu'un événement solennel vint achever de consolider son trône.

En épousant Clotilde, le roi des Francs ne lui avait pas promis seulement la liberté de suivre sa religion sainte; il avait promis encore de se faire chrétien lui-même. Mais, livré aux passions que le paganisme ne condamnait pas, il lui était dur de les soumettre; et, sous le prétexte qu'il risquait d'indisposer son armée, il demeurait dans ses ténèbres.

Cependant, comme il aimait Clotilde, par complaisance pour elle il avait bien voulu que le premier fruit de leur mariage reçût le baptême. Par un secret dessein de Dieu, qui éprouvait la jeune reine, l'enfant mourut après avoir été baptisé. Clovis, dans sa cruelle affliction, s'en prit à Clotilde :

— Mon fils vivrait, dit-il avec amertume, s'il eût été mis sous la protection de mes dieux.

Clotilde souffrit sans se plaindre et sans rien perdre de sa résignation. Étant devenue mère d'un second fils, elle le fit baptiser encore. Peu après, cet enfant, qu'on avait nommé Clodomir, tomba aussi très gravement malade. Clovis, plus furieux, accabla la reine de désolants reproches. Mais, pleine de confiance en Dieu, Clotilde pria avec tant de ferveur, que le petit prince fut guéri instantanément.

Le rude monarque, ne pouvant méconnaître là un miracle, s'inclina devant le Dieu des Chrétiens. Il n'abandonna pas pourtant ses idolâtries. Il fallait à cette conversion une occasion plus éclatante.

Les Allemands, les plus redoutables ennemis de Clovis, les Allemands, destinés à donner leur nom à la Germanie, comme les Francs à la Gaule, s'étant unis aux Suèves, avaient franchi le Rhin, occupaient l'Alsace, et se jetaient sur le royaume des Francs-Ripuaires[1]. Sigebert, roi de ces peuples, parent et allié de Clovis, se hâta de l'appeler à son aide. Clovis rassembla une armée.

— Vous allez à la guerre, lui dit la reine; invoquez le Dieu des Chrétiens.

Il s'avança au secours des Ripuaires. C'était en 496, trois ans après son mariage.

Au bruit de son approche, les Allemands se retirèrent à cinq lieues de Cologne, en un lieu que Roricon appelle Tulpiacum (Tolbiac), et qui est aujourd'hui la petite ville de Zulpich dans l'ancien duché de Juliers[2]. Ils se retranchèrent devant un ruisseau. Plus nombreux et plus féroces que les Francs, ils ne doutaient pas de la victoire.

Clovis, le lendemain matin, les attaqua néanmoins si hardiment, que ce fut bientôt une mêlée épouvantable. Elle dura toute la journée. Vers le déclin du jour, Sigebert ayant reçu une

[1] Ou riverains, parce qu'ils occupaient les rives du Rhin.

[2] Les Bollandistes rapportent des opinions selon lesquelles la bataille où Clovis défit les Allemands n'aurait pas eu lieu à Tolbiac, aujourd'hui Zulch ou Zulpich; mais au bord du Rhin, près de Strasbourg. Voyez Henschenius, *De Vita sancti Vedasti*.

blessure grave, ceux qui l'entouraient l'emportèrent hors du camp. Leur retraite fit parmi les Francs une trouée dans laquelle les Allemands se précipitèrent. L'armée de Clovis alors plia devant eux. Des larmes de fureur roulèrent dans les yeux du jeune monarque, qui voyait la victoire perdue. En ce moment cruel, Aurélien, l'un des chefs gaulois qui avaient suivi sa fortune, le même qui avait porté son anneau de fiançailles à Clotilde et que pour ses bons services il avait créé duc de Melun[1], car ses États s'étendaient déjà jusqu'aux portes de Paris, Aurélien l'aperçoit et lui crie :

— Roi, tu le vois, tout est perdu. Une seule ressource te reste. Invoque le Dieu des Chrétiens, le Dieu que sert la reine Clotilde ; lui seul peut te donner la victoire.

Le moment sans doute était venu ; le Roi, touché, n'hésita plus.

— Dieu des Chrétiens ! s'écria-t-il en élevant sa framée vers le ciel, Dieu que Clotilde m'annonce comme le seul Dieu vivant,

« Accepitque Aurelianus castrum Melodunense, quod et in ducatum obtinuit. » *Fragm. de regum Franc. rebus pie gestis*, dans Duchesne.

grand Dieu ! si vous me faites vaincre ceux-là, je reconnais votre puissance, je recevrai votre baptême et je serai votre fidèle [1].

Après cette vive prière, il retourna à la charge, invoquant à grands cris le Dieu de Clotilde; et la face de la bataille changea aussitôt. Rapides comme la flamme, les soldats de Clovis semblaient se multiplier. En un instant, de tous les côtés ils avaient repris l'avantage. Les Allemands tournèrent le dos ; leur roi fut tué; la victoire fut complète.

Clovis se hâta d'annoncer à Clotilde ce qui s'était fait. En passant par Toul, il emmena avec lui saint Vaast (Vedastus), le priant de l'instruire dans la Religion sainte qu'il voulait embrasser d'une âme résolue. Déjà, on le croit du moins, il avait reçu quelques lumières du pieux Éleuthère, évêque de Tournai. Mais il fallait se préparer au baptême, et il écoutait avec ardeur les leçons de saint Vaast.

La reine Clotilde, ayant fait prévenir saint Remi, s'en alla avec l'auguste prélat au-de-

[1] Grégoire de Tours, liv. II, chap. 30. Frédégaire, *Excerpt.* 21. Roricon, liv. II. *Gesta regum Franc.*, cap. 15.

vant du Roi, qui, dès qu'il l'aperçut, lui cria :

— Clovis a vaincu les Allemands ; mais vous avez vaincu Clovis.

— A Dieu seul, répondit-elle, la gloire de ces deux triomphes!

Le Roi voulut se rendre à Reims pour son baptême, et saint Remi tous les jours lui expliquait les mystères de la foi chrétienne. Clovis, dans son zèle, s'en faisait l'apôtre auprès de ses compagnons.

— Ne voulez-vous pas, leur disait-il, abandonner aussi vos dieux impuissants ?

— Nous adorerons avec toi, répondaient-ils, le Dieu de Remi et de Clotilde.

Nous ne pouvons passer un petit trait qui peint ces hommes. La veille du baptême du Roi, saint Remi, devant un nombreux auditoire de guerriers francs, exposait l'histoire douloureuse de la Passion. Lorqu'il raconta comment Notre-Seigneur, abreuvé de tant de souffrances, chargé de tant d'outrages, était mort sur la croix, abandonné de tous, Clovis, frémissant, se leva, brandit sa hache d'armes, et s'écria :

— Ah! que n'étais-je là avec mes Francs [1] !

[1] Si ego cum Francis meis fuissem ! Frédégaire, *Excerpt.* 21

Le baptême du Roi eut lieu le jour de Noël de l'an 496. Saint Remi avait désiré que cette grande conquête de la Religion fût célébrée avec la pompe convenable. Les rues de la ville de Reims où devait passer le cortége pour se rendre à la métropole avaient été, par les soins de Clotilde, magnifiquement tendues; l'église ornée de ce qu'on possédait de plus riche, son pavé couvert partout de tapis éclatants, tout le baptistère parfumé. A ces splendeurs, aux cassolettes qui exhalaient l'encens enflammé, aux cierges innombrables qui étincelaient sur les autels, à cette atmosphère embaumée, les rudes guerriers de Clovis se demandaient si ce n'était pas là le paradis?

Précédé de la jeune troupe des enfants de chœur, entouré de son clergé, saint Remi entra bientôt, conduisant le Roi par la main. Derrière le Roi marchaient ses deux sœurs, Alboflède et Lantilde, qui venaient se régénérer avec lui. L'heureuse Clotilde était là aussi, rendant à Dieu de vives actions de grâces. Les beaux chants de l'Église accompagnaient le Roi et le saint évêque, qui pénétrèrent dans le baptistère.

Vêtu de la robe blanche des catéchumènes, Clovis s'approcha pieusement de la cuve où il allait être purifié. Alors Remi lui dit ces paroles célèbres : — Inclinez-vous, noble Sicambre ; adorez ce que vous avez brûlé, brûlez ce que vous avez adoré. — (*Depone colla, mitis Sicamber ; adora quod incendisti ; incende quod adorasti.*)

Clovis et Alboflède reçurent le baptême, et trois mille guerriers francs avec eux, dans ce même jour. Mais Remi voulait confirmer le Roi par l'onction du saint-chrême, qui devait aussi réconcilier à l'Église la princesse Lantilde, laquelle abjurait l'arianisme. —

Jusqu'ici, nous n'avons suivi que l'histoire incontestée, écrite par les contemporains. Mais les historiens contemporains nous restent en très petit nombre, et nous n'avons d'eux souvent que des fragments incomplets. Il nous faut donc remplir les lacunes à l'aide de la légende. L'histoire d'Hincmar, successeur de saint Remi, après trois siècles, nous a conservé des récits sans lesquels nous ne comprendrions pas un des faits les plus célèbres, le fait de la Sainte-Ampoule. On a dit que le savant Hincmar avait enrichi l'histoire de saint Remi de toutes les traditions populaires. C'est possible, et Flodoard l'a suivi. Mais, si la légende n'est que de l'histoire fardée avec plus ou moins de goût, entrons pourtant dans la légende.

La foule était si compacte, disent les chroniqueurs du neuvième et du dixième siècle, que le clerc qui apportait le saint-chrême ne put parvenir au baptistère. Remi, les yeux élevés, priait et attendait, lorsque subitement on vit paraître une colombe qui planait sous les voûtes, portant dans son bec une petite ampoule ou fiole, pleine d'une huile sainte de si suave odeur, que toute l'église en fut embaumée. La blanche colombe déposa dans les mains de Remi son précieux fardeau et disparut aussitôt.

Cette petit fiole est la Sainte-Ampoule, qui, jusqu'à Charles X, a servi au sacre de nos rois. Les récits populaires abondent sur ce sujet en merveilleux détails.

Ainsi on a dit que l'huile de la Sainte-Ampoule ne diminuait jamais, quoique la plupart des rois de France en aient été oints.

Quelques-uns ont écrit aussi qu'après l'onction du monarque elle se désséchait ; mais qu'elle se retrouvait pleine et liquide lorsqu'il s'agissait d'inaugurer un nouveau roi. René de Cerisiers, dans sa *Vie de saint Remi*, rapporte une opinion encore plus singulière, c'est que l'accroissement ou le décroissement de l'huile de la Sainte-Ampoule annonce les variations de la santé du roi. Toutes croyances inoffensives, qu'on est libre de ne pas admettre, disent les Bollandistes.

Mais on conte sur Clovis devenu chrétien bien d'autres prodiges. Froissard n'est que l'écho de ce qu'on pensait généralement de son temps, lorqu'il déclare que l'oriflamme, cette glorieuse bannière, fut envoyée du ciel à Clovis, apportée par un ange le jour de son baptême, et que ce fut Dagobert qui ensuite en confia la garde aux moines de l'abbaye de Saint-Denis. Hincmar dit de plus que saint Remi donna à Clovis un flacon d'un vin pur et généreux, qui ne tarissait point, et qui montait ou baissait suivant que le Roi devait perdre ou gagner la bataille. Est-ce une allégorie ou une parabole? Nous ne savons.

On a fait remonter aussi au baptême de Clovis (qui est souvent appelé son sacre) le privilége attribué jadis à nos rois de guérir les écrouelles en les touchant. Voici comment on raconte le fait :

Il y avait un chevalier nommé Lancinet, des avis duquel le roi Clovis se servait fréquemment. Il était affligé des écrouelles. Deux fois il avait mangé du serpent, suivant le conseil de Cornélius Celsus, qui indique ce remède comme certain et infaillible contre une telle maladie; mais il ne s'était nullement guéri. Dans ces circonstances, un jour que le roi Clovis sommeillait, il lui fut avis qu'il touchait doucement le cou à son cher Lancinet, lequel au même instant se trouvait entièrement débarrassé de son mal. Le Roi s'étant éveillé, tout joyeux, fit appeler Lancinet, et, voulant essayer si son rêve n'était pas un utile avis, il le toucha et le guérit. « Et toujours depuis, ajoute Pierre Delancre en son *Traité de l'Attouchement*, cette prérogative a été comme héréditaire aux rois de France et s'est transmise à leur postérité. »

Il est incontestable que le roi saint Louis a guéri plus d'une fois des scrofuleux. Le curé Thiers, malgré sa rigueur en fait de croyances, le P. Lebrun, dont on ne rejettera pas la saine critique, ont formellement reconnu que les rois de France guérissaient les écrouelles, par leur attouchement accompagné du signe de la croix[1]. Louis XIII, en 1639, toucha douze cents malades à Fontainebleau, et les mémoires du temps attestent que le plus grand nombre fut guéri.

Ce que saint Remi donna surtout à Clovis, c'est le caractère de chrétien. Le vaillant prince devint le fondateur d'une monarchie grande et noble. En 508, il fit de Paris le siége de ses États; Paris que Childéric, son père, n'avait possédé que temporairement, et qui ne devait plus cesser d'être la capitale des Francs.

Clovis était mort en l'année 511, âgé de quarante-cinq ans, mais ayant beaucoup vécu, car il avait beaucoup fondé. Ses États furent partagés entre ses quatre fils. Thierry (Theodoricus), l'aîné, fils de Clovis et d'Évohilde sa première femme, né à Tournay en 483, eut le royaume de Metz ou d'Austrasie. Des trois fils de Clotilde, Clodomir fut roi d'Orléans; Chil-

[1] Voyez l'histoire de saint Marcoul et du pèlerinage de Corbény, où nos rois touchaient les écrouelles.

debert, roi de Paris ; Clotaire, roi de Soissons. Baldéric, dans ses récits, ne conta de leur histoire que la scène qui va suivre, et que nous retrouvons dans Grégoire de Tours :

« Or le roi Clodomir ayant été pris par les Burgondes, dans la bataille de Veseronce, ils lui coupèrent la tête et l'emportèrent au bout d'une pique.

» Clodomir laissait trois fils sous la tutelle de leur aïeule Clotilde. Alors Childebert, roi de Paris , voyant que sa mère portait une très grande affection aux fils de Clodomir, en prit de l'ombrage, et, craignant que, par l'influence qu'elle avait conservée, elle ne parvînt à les rétablir dans le royaume de leur père, qu'il se proposait de partager avec son frère Clotaire, il envoya secrètement vers ce roi, qui résidait à Soissons ; il lui fit dire :

— Notre mère a près d'elle les fils de notre frère et veut leur rendre le royaume. Il faut que tu viennes sans retard à Paris, et qu'après nous être consultés, nous décidions ce que nous devons faire d'eux, savoir : si on leur coupera les cheveux comme au reste

Mort de Clodomir.

du peuple, ou si, après nous en être défaits, nous partagerons entre nous le royaume de notre frère.

» Les rois seuls avaient le droit de porter une longue chevelure, et la couronne ne pouvait plus se placer sur une tête rasée.

» Clotaire, approuvant les projets de Childebert, vint à Paris, où déjà l'on avait fait courir le bruit que les deux rois étaient résolus, d'un commun accord, à élever les orphelins au trône. Ils dépêchèrent donc, en leur nom à tous deux, un messager à la reine Clotilde, et lui firent dire :

— Envoyez-nous vos petits-enfants, que nous les élevions au trône.

« Elle, joyeuse, et ne devinant pas leur pensée, après avoir fait boire et manger les enfants, les fit conduire à leurs oncles, en disant : — Allez, enfants, et je ne croirai pas avoir perdu mon fils, si je vous vois lui succéder en son royaume.

» Dès que les enfants arrivèrent auprès de leurs oncles, ils furent pris aussitôt et séparés de leurs serviteurs et de leurs gouverneurs. On les enferma à part, les serviteurs d'un côté et les enfants de l'autre ; et, cela fait, Childebert et Clotaire expédièrent à la reine Arcadius, un romain qui était à leur service. Quand il fut arrivé devant elle, Arcadius éleva les bras, tenant d'une main un poignard et de l'autre des ciseaux.

— Glorieuse reine, dit-il, — vos fils, nos seigneurs, désirent que vous leur fassiez savoir votre volonté, sur la manière dont il faut traiter les enfants. Choisissez ; votre ordre décidera si on leur coupera les cheveux, ou s'ils seront mis à mort.

» Consternée de ces paroles, émue d'une grande indignation en voyant briller dans les mains d'Arcadius le poignard et les ciseaux, la reine Clotilde ne put se réprimer, et, ne sachant ce qu'elle disait, tant elle était troublée par la douleur, elle répondit imprudemment :

— S'ils ne règnent pas, comme leur père, ils seront plus heureux morts que rasés...

» Arcadius n'en écouta pas davantage. Il revint promptement à ceux qui l'avaient envoyé et leur dit :

— Faites donc; — la Reine approuve vos projets.

» Aussitôt Clotaire, prenant par le bras l'aîné des enfants, le jeta à terre, et, d'un coup de son poignard, le tua cruellement. A ses cris, son frère, se précipitant aux pieds de Childebert et lui baisant les genoux :

— Secourez-moi, mon bon oncle, dit-il en pleurant, et ne souffrez pas que je meure comme mon frère.

» Les larmes vinrent aux yeux de Childebert; il dit au roi de Soissons :

— Oh! je t'en prie, mon frère, accorde-moi la vie de cet enfant; et, si tu consens à ne pas le tuer, je te donnerai tout ce que tu souhaiteras.

» Mais Clotaire l'accabla d'injures :

— Repousse cet enfant loin de toi, cria-t-il, ou tu vas mourir à sa place. C'est toi qui m'as excité à cette entreprise, et voilà que maintenant tu ne veux plus la mener à fin.

» Childebert, effrayé, repoussa l'enfant, et le jeta à Clotaire, qui le tua comme il avait tué son frère. Ils firent mourir ensuite les serviteurs et les gouverneurs, cherchant vainement le troisième fils de Clodomir. Ne l'ayant pas trouvé, ils sortirent à cheval et s'allèrent promener dans les faubourgs.

» La reine Clotilde, dans une immense douleur, fit enterrer avec pompe les deux petits corps de ses chers enfants en l'église de Saint-Pierre. L'aîné avait dix ans et l'autre sept. Le troisième, nommé Clodoald, avait été sauvé par des barons. Renonçant à son royaume terrestre, il se coupa lui-même les cheveux, se fit clerc, et, persistant dans les bonnes œuvres, il devint prêtre. (C'est saint Cloud.) Les deux rois partagèrent entre eux le royaume de Clodomir.... »

XIII

LE DÉFI DE SOISSONS

Ces récits et quelques autres avaient intéressé Lydéric et Jean de Soignies durant le voyage de Soissons. En arrivant dans cette ville, Dagobert donna au jeune Flamand une seconde audience de justice. Quand Lydéric eut de nouveau formulé son accusation contre Phinart, Ægа lui demanda, au nom de Dagobert, quel témoignage il apportait ?

— Celui de ma mère, répondit-il, celui de l'ermite, s'il vit encore, sa lettre que voici, et de ma part le combat à outrance.

— La vérité, mon fils, est dans vos paroles, et l'innocence dans vos discours, dit le Roi, émerveillé de tant de fermeté dans un âge si tendre. Nos vœux sont pour vous. Mais vous ignorez sans doute que Phinart est le plus vaillant et le plus redoutable chevalier de notre royaume. Jeune comme vous êtes, vous serez vaincu par un guerrier si robuste.

En effet, la chronique de saint Bavon de Gand représente le tyran Phinart comme un géant, *homo giganteæ formæ*. Les traditions, il est vrai, donnent aussi à Lydéric de Bucq une taille au-dessus de l'ordinaire ; c'est pour cela que les Lillois, qui le regardent comme leur fondateur, portent dans leurs processions de fêtes un géant très haut qu'ils appellent Lydéric. Mais les légendes qui nous guident ne remarquent rien de prodigieux dans les formes de ce jeune homme.

— La force n'est pas le droit, répondit-il ; Dieu sera pour la juste querelle.

— Dieu sera pour vous, noble enfant, s'écria en ce moment le sage Éloi, qui, comme inspiré d'en-haut, étendit les mains et bénit le fils d'Emergarte.

— Et qui soutiendra Lydéric, demanda le prince, si Phinart amène un second ?

— Moi, répondit un guerrier solide en s'avançant. C'était Jean de Soignies.

— Le jugement de Dieu ! dit alors le Roi. Jeune homme, jetez votre gant de défi.

Lydéric, qui s'était incliné devant Éloi, se releva à la parole du monarque et jeta son gant au milieu de la vaste salle. Un héraut d'armes le ramassa en disant :

— Au nom du roi suzerain, pour son vassal accusé.

Le roi ajouta :

— Que justice soit faite par le jugement de Dieu !

Et il leva la séance.

Le lendemain, le héraut qui avait ramassé le gant fut envoyé avec ce gage au château de

Bucq, où se trouvait Phinart. Il y fut reçu avec les honneurs dus à la majesté royale, qu'il représentait. Il exposa les charges dont Lydéric accablait Phinart. Il annonça le duel permis par le roi. Le tyran de la Flandre, cherchant à cacher ce qu'il éprouvait, répondit au héraut :

—Vous retournerez vers le Roi, mon seigneur, et vous lui direz que la mort de Salvart eut lieu en bonne guerre, les armes à la main. Je reçois pourtant le gant du jeune insensé qui se dit le fils d'Emergarte. Voici le mien en retour : qu'il vienne ! C'est ici, devant la princesse même qui ne le connaît pas, que nous devons combattre, et que sa folle audace doit recevoir son châtiment.

Après avoir prononcé ces mots d'une voix gonflée par l'orgueil, Phinart commanda que le héraut du Roi fût bien traité ; et il le renvoya comblé de présents. Il se renferma ensuite avec les plus intimes confidents de ses mauvais faits, et leur demanda s'ils avaient jamais entendu parler de ce Lydéric, qui se disait fils de la princesse Emergarte, et dont il venait d'ouïr le nom pour la première fois.

— Non, repondirent-ils; le jeune homme est un imposteur. Si Salvart de Dijon eût eu un fils, il ne nous eût pas échappé. Son âge d'ailleurs prouverait qu'il venait à peine de naître lors de l'aventure de la forêt Sans-Merci. Et comment en auriez-vous la première nouvelle après vingt-ans ?

Phinart cependant éprouvait certains pressentiments qui l'embarrassaient. Il résolut d'interroger Emergarte, la triste prisonnière qu'il avait tant de fois épouvantée de ses orgies. Il épuisa toutes les ruses pour tirer d'elle la vérité, et il finit par lui dire :

— Un jeune homme qui se nomme Lydéric, et qui se dit votre fils, élevé dans la forêt où vous êtes tombée entre nos mains, est à son tour mon prisonnier et va périr: car c'est un fourbe, puisque vous dites n'avoir pas eu d'enfants.

La princesse effrayée, reconnaissant dans les détails donnés par Phinart que Lydéric pouvait bien être le pauvre enfant qu'elle avait laissé dans le bois, se jeta aux genoux du tyran, lui conta tout ce qui s'était passé auprès de la fontaine, et dit en pleurant :

— J'avais confié là mon fils à Dieu et à Notre-Dame pour le sauver. Depuis, je n'en eus jamais de nouvelles. S'il est votre captif et qu'il vous faille encore du sang, faites-moi mourir à sa place; ou, si vous êtes impitoyable, que je meure avec lui; mais que du moins je puisse le serrer dans mes bras et le voir une fois avant de quitter la vie.

Phinart, troublé de ces aveux et insensible aux larmes d'Emergarte, la quitta brusquement, la laissant en proie aux plus cruelles angoisses. Il chargea ses officiers d'aller de toutes parts aux informations. Il voulait savoir comment et par qui cet enfant avait été élevé; car la princesse ignorait ce qu'avait fait l'ermite. Il songeait avec terreur que, si Lydéric était véritablement le fils de Salvart, Dieu sans doute ne l'avait conduit jusque-là que pour venger son père. — Bientôt néanmoins il se rassurait dans la conscience qu'il avait de sa force; — ce qui ne l'empêchait pas de faire préparer des armes à toute épreuve. Ses émissaires n'ayant rien découvert qui confirmât les prétentions de Lydéric, il acheva de se raffermir, et il se prépara au combat.

Le héraut rapporta au roi Dagobert, qui l'attendait dans Soissons, la réponse de Phinart. Le monarque s'intéressait de jour en jour davantage au jeune homme.

— Partez donc, mon fils, lui-dit-il ; partez avec votre second, sous notre sauvegarde royale, et que Dieu et saint Denis vous donnent la victoire !

— Mais, sire, ajouta Éloi aussitôt, Votre Grandeur ne craint-elle pas de confier ainsi sans escorte ces deux guerriers à la perfidie de Phinart? Oubliez-vous que le combat doit avoir lieu dans un repaire qui peut être plein d'embûches ?

— Vous parlez sagement, Éloi, dit Dagobert. Nous accompagnerons donc Lydéric nous-même, pour être en personne juge du combat. Nous invitons notre cour, nos alliés, nos vassaux, nos ministres, à nous suivre au château de Bucq.

Peu de jours après, à son grand étonnement, Phinart vit arriver dans sa forteresse toute la cour tumultueuse du roi Dagobert. Son embarras ne l'empêcha pas de tout employer pour recevoir avec honneur son redouté souverain.

Avant de se mettre à table, Dagobert lui présenta Lydéric, ordonnant que le combat eût lieu le lendemain même, et jurant sur sa couronne qu'il n'accorderait aucune grâce au vaincu. Phinart s'efforça de faire bonne contenance; mais, remarquant combien Lydéric ressemblait à sa mère, il devint tout agité; et le saint ministre Éloi, qui fixait sur lui un œil scrutateur, le vit changer de couleur plusieurs fois.

XIV

LE COMBAT JUDICIAIRE

Le lendemain matin, on se rendit au champ-clos, préparé devant le château de Bucq, entre la Lys et la Deule. On y arrivait par un pont qui subsiste encore à Lille, où il s'appelle toujours le pont de Phin ou de Phinart. Deux estrades immenses étaient dressées pour la nombreuse cour. Le Roi parut bientôt, et sa vue imposa silence à tous les assistants. On avait également distribué le champ et le soleil aux deux champions, qui étaient aux deux bouts de la lice, accompagnés chacun de son second; Lydéric, du brave Jean de Soignies; Phinart, d'un de ses brigands. Mais le Roi déclara que les seconds ne combattraient que s'il jugeait leur intervention nécessaire. Il leur ordonna de se borner d'abord à remplir le rôle de parrains ou témoins du combat. Il fit signe ensuite que l'on amenât Emergarte, dont il voulait que la présence animât Lydéric.

La princesse n'eut besoin que de jeter les yeux sur son fils pour le reconnaître. Le jeune homme eût voulu tomber à ses pieds; on ne le permit pas. Dagobert fit placer la captive de Phinart avec honneur, entre la reine Nantilde et le duc des Bretons.

Les deux ennemis se dévoraient de loin. Phinart, comme un guerrier puissant, se tenait si bien à cheval, qu'il semblait ne faire qu'un avec son destrier. Lydéric s'agitait, plein de grâce et de souplesse. Le Roi leva la main droite, et la voix éclatante des trompettes donna le signal

On amène Emergarte.

du combat. Les deux champions, la lance en arrêt, piquant leurs chevaux, s'élancèrent d'abord l'un sur l'autre à bride abattue, avec une telle fureur, que tous deux ayant brisé leurs lances furent jetés loin de leurs montures. Ils se relevèrent promptement, et, l'épée à la main, ils combattirent si acharnés, que, pendant plus de deux heures, il fut impossible aux juges de prévoir à qui demeurerait l'avantage. Phinart déployait une force et une vigueur inouïes, Lydéric une adresse et un courage invincibles. On tremblait aux coups furieux que lançait l'épée du tyran; on respirait en voyant avec quelle dextérité Lydéric en évitait l'atteinte. Le sang des combattants ruisselait cependant de toutes parts. La pauvre mère, témoin et cause de ce spectacle, était ballottée dans d'horribles transes d'espoir et d'effroi. Rien n'annonçait la fin de la lutte, lorsque, sur une observation d'Éloi, Dagobert cria :

— Que les seconds combattent !

Aussitôt, aux côtés de Lydéric et de Phinart, on vit s'élancer Jean de Soignies contre le farouche bandit qui soutenait la cause du tyran.

Jean, en guerrier leste, n'avait pris d'autre arme qu'une hache, avec laquelle il coupa la lance de son adversaire, et, l'approchant, il lui brisa son bouclier. Le brigand, à son tour, saisit sa hache pesante, et, reculant son robuste coursier, il revint à la charge en hurlant. Mais Jean, ayant esquivé son coup, le frappa en même temps à la tête et le renversa sur le sable. Il sauta en bas de son cheval, lui mit le pied sur la gorge, et, comme Éloi s'y était attendu, il lui fit confesser le crime de la forêt Sans-Merci, la mort de Salvart et les autres forfaits du geôlier d'Emergarte.

Phinart, troublé par ces aveux terribles, commença à trembler. Le soleil allait disparaître. Lydéric, dont la confession du mourant redoublait l'ardeur, se rua sur son rival par un dernier effort, et lui enfonça son épée dans la gorge. Le monstre, en expirant, avoua aussi. Les deux vaincus furent pendus aussitôt. Emergarte, évanouie, se réveilla libre, dans les embrassements de son fils.

Un vieil homme parut alors, descendant le pont de Phin. C'était l'ermite de la forêt de

Bucq, qui vivait encore. Il reconnut Emergarte. Il apportait le manteau dont l'enfant qu'il avait élevé était enveloppé lors de son abandon, circonstance qui eût attesté son origine, si on eût pu en douter.

XV

LYDÉRIC PREMIER VORSTIER DE FLANDRE

Le Roi rentra, avec toute sa cour, dans le château de Bucq. Le soir même, en présence de l'assemblée, il donna et transporta à Lydéric toutes les terres que Phinart avait possédées, et l'administration des contrées qui forment aujourd'hui la Flandre française, les deux Flandres belgiques et la Flandre zélandaise. Il l'en créa prince, ne se réservant que la suzeraineté, combla d'honneurs Emergate, et chargea ses médecins de soigner les blessures du premier vorstier de Flandre.

Car c'est le nom que donnent les vieilles chroniques aux premiers souverains particuliers de ce pays, et ce nom a causé de grandes rumeurs parmi les savants.

Les uns, — traduisant le mot *vorstier* par le mot *forestier*, — et voulant expliquer un terme flamand du septième siècle au moyen de la langue française des temps modernes, ont dit que Dagobert appela *forestiers* les gouverneurs de la Flandre, parce que ce pays était couvert de forêts dont il les chargeait d'expulser les brigands. — Il est reconnu, au contraire, que la Flandre d'alors avait peu de forêts, que c'était un pays marécageux qui, à l'exception de la forêt Sans-Merci, n'offrait que çà et là quelques bois de peu d'étendue. Encore cette forêt Sans-Merci, que l'on explorait si vite, ne devait-elle pas être considérable.

Les autres doctes, remarquant le désaccord du titre de forestier avec un pays sans forêts, trouvèrent commode de tout nier, et dirent qu'il n'y avait pas eu de forestiers en Flandre. Ainsi ils commencent l'histoire de cette principauté à Baudouin Bras-de-Fer, le premier comte des

Flamands. Mais l'existence de Lydéric et de ses successeurs peut être prouvée; et le mot qui embarrasse se trouve expliqué, dans un mémoire publié, il y a vingt ans, par M. le chevalier Loys. Le mot forst ou vorst, *domaine du prince*, est la racine de ce nom. De forst, *domaine*, et de stieren, *gouverner*, on a fait dans le latin du moyen-âge *forestiarius*, et dans le français du quinzième siècle *forestier*. Dans une charte de 969 que cite M. Loys, le roi Lothaire donne à Théodoric, comte de Gand, le domaine du pays de Waes, *forestum Wasda*.

Et, — loin que le mot flamand forestier ou vorstier vienne du français *forêt*, — c'est, au contraire, le mot français forêt qui vient du flamand forst ou vorst, parce qu'en général les forêts étaient des domaines de princes. Le village de Forest, près de Bruxelles, n'a pas d'autre étymologie; en flamand il s'appelle Vorst.

Mais cette digression nous écarte de notre récit. L'intérêt maintenant se divise. Il nous faut suivre, dans Lydéric et dans Jean de Soignies, deux personnages qui se séparent; et l'histoire manque, les chroniques sont sèches et obscures.

Pour la fin des aventures entamées, il nous faut consulter des monuments populaires. Dans un recueil des *Traditions des bords du Rhin,* qu'on a publié en Allemagne, on lit ce qui suit :

XVI

NOTBURGE

La jeune Notburge, fille de Dagobert, ange de piété et de douceur, vivait, à peu de distance de Strasbourg, dans sa solitude de Hornberg. Elle avait résolu de consacrer sa vie à Dieu.

Au mois de juillet de l'année 636, Dagobert arriva pour la voir, accompagné d'une partie de sa cour et d'une partie de son armée. Il avait aussi avec lui l'envoyé de Samon, roi des Vendes et des Slaves, avec qui il était en guerre. Ce Samon était un homme farouche, qui n'avait pu voir Notburge sans en devenir épris. Il l'avait demandée à son père, offrant la paix, si on lui donnait Notburge pour femme. D'abord le Roi avait refusé cette alliance; mais ensuite, persuadé par ses conseillers, qui lui firent voir tous les maux que la guerre causait à son peuple, il approuva l'union de sa fille, ce modèle de candeur, qui avait seize ans, avec le rude Samon. Il écrivit au roi guerrier et lui manda que sa proposition était agréée, qu'il pouvait venir, qu'il serait bien reçu à Hornberg.

Samon se hâta d'accourir. Notburge s'était cachée au moment de l'entrevue; il fallut l'apporter évanouie; toute la cour avait compassion d'elle.

— Mon père, dit-elle, quand elle reprit ses sens, je ne vous ai pas demandé cette vie que je tiens de vous; reprenez-la, puisqu'elle vous appartient, mais ne confiez pas ma foi et mon bonheur aux mains d'un barbare.

Dagobert, qui était absolu, s'indigna de ce discours :

— Retirez-vous, dit-il à sa fille, vous êtes née pour m'obéir.

En même temps, il emmena Samon à la chasse et lui donna des fêtes.

Notburge, réfugiée dans sa chambre, n'avait

de soulagement que dans la prière, qu'elle interrompait par ses pleurs. Un seul être la consolait (nous entrons dans quelques détails que des hommes graves disent fabuleux) ; c'était une petite biche, qu'elle avait élevée et qui l'accompagnait partout depuis deux ans.

Un jour, le roi Samon, suivi de Jean de Soignies, pénétra dans la chambre de la princesse, qu'il trouva à genoux et priant devant un crucifix. Il resta quelque temps, comme malgré lui, dans un silence respectueux. Il s'approcha ensuite de la jeune princesse et lui demanda si elle ne se déciderait pas bientôt à lui donner sa main. Notburge, tout entière à sa contemplation, ne l'entendit point. Il lui prit le bras et lui répéta plus vivement sa question.

— Oh ! laissez-moi prier, dit-elle.

Mais Samon s'irrita.

— Vous êtes à moi, répondit-il.

Et il voulut l'entraîner. — Cependant il céda à ses pleurs et se laissa emmener par Jean de Soignies.

Quand la nuit fut venue, la princesse, effrayée des dangers qu'elle courait, profita de l'obscurité pour s'enfuir d'Hornberg. Elle erra à l'aventure, franchissant les rochers et les bois, et se trouva à la pointe du jour sur les rives du Necker. Le fleuve était bordé, des deux côtés, de rochers abrupts, couverts de ronces et d'épines. Au moment où elle commençait à réfléchir sur l'embarras de sa position, elle entendit à quelques pas un léger bruit. C'était sa biche chérie, qui bondissait vers elle. Notburge la reçoit comme une amie, lui saute sur le dos, traverse le fleuve, et trouve sur l'autre rive, dans une grotte que cachent les taillis, une retraite impénétrable. Tandis qu'elle remerciait Dieu, la biche disparaît ; et une heure après, — s'il faut en croire la légende rhénane qui nous fournit ces faits, — le gracieux animal revient, apportant un petit pain. Une source limpide coulait au pied de la grotte. Tous les matins, tous les soirs, Notburge fait son repas des aliments que la fidèle biche trouve moyen de se procurer dans les cuisines du château d'Hornberg.

Pendant qu'elle vivait ainsi, Dagobert, ses chevaliers et surtout le roi Samon parcouraient sans cesse les vallées, allant à sa recherche. On ne la trouvait point. Mais le cuisinier du Roi, s'apercevant depuis quelque temps qu'il lui manquait tous les jours deux petits pains, se mit en embuscade, surprit la biche, la suivit, et courut faire part à Dagobert de sa découverte.

Le Roi remarque en effet que c'est la biche de Notburge ; le Necker se couvre de bateaux : toute la cour se disperse dans la forêt. Le Roi s'était enfoncé seul dans un obscur taillis, où il aperçoit, à travers une fente de rocher, sa fille en prière ; il lui fait de doux reproches et l'engage à revenir avec lui.

— Oh ! mon père, dit Notburge, laissez-moi dans ce lieu paisible, où je suis morte au monde, où je ne vis plus que pour Dieu.

Si Dagobert se fût trouvé en ce moment accompagné de son pieux ministre Éloi, il eût cédé à cette prière ; mais, livré à lui-même, il entra dans un nouvel accès de colère, et, renonçant à dompter la persévérance de sa fille, il lui prit le bras avec violence pour l'entraîner. La princesse tomba évanouie.

Dagobert, croyant sa fille morte, s'enfuit

épouvanté. Il rentre silencieusement dans son château, fait venir Samon et lui expose sa douleur, en lui demandant néanmoins la paix. Le roi des Vendes la signa : après quoi il s'en retourna comme il était venu, pendant que Dagobert reprenait le chemin de Saint-Denis.

A la suite d'un long évanouissement, la princesse revint à elle. Lorsqu'elle vit qu'elle était restée seule, elle respira plus librement. Ses actions de grâces, dit encore la légende, furent un chant si éclatant, qu'il retentit dans toute la vallée et rappela sa biche timide. Le bruit de ces merveilles se répandit dans le pays. Les habitants, jusque-là idolâtres, accourent à la grotte et embrassent le Christianisme. Notburge les civilise; un gros bourg se forme autour d'elle ; on bâtit une petite chapelle qui est aujourd'hui l'église de Hochausen. Là, on montre encore, dans le rocher, la grotte qui servit de retraite à la fille de Dagobert; et dans l'église on voit toujours la statue en pierre de sainte Notburge, avec la couronne en tête comme fille de roi, ayant à ses pieds un serpent, qui lui présente des plantes salutaires, et près d'elle la fidèle biche, laquelle suivit, dit-on, son cortége et vint mourir sur son tombeau.

XVII

LE MARIAGE DE LYDÉRIC

V OILA pour Notburge et pour Samon, avec qui Jean de Soignies regagna le pays des Vendes. Quant à la suite des aventures de Lydéric, nous trouvons quelques renseignements dans les vieilles annales de la Flandre.

Aux lieux où s'élevait le château de Bucq, il fit bâtir la ville de Lille, et choisit pour son séjour, à une lieue de Courtrai, le château d'Harlebeke.

Un jour qu'il chassait dans une forêt voisine, et qu'il s'était égaré à la poursuite d'un cerf, il entendit tout à coup des cris lamentables. Humain et compatissant, il poussa son cheval et aperçut une jeune dame tout en larmes, que deux chevaliers, aidés de leurs écuyers, venaient d'attacher à un arbre pour la tuer. Il mit en fuite les brigands, et, s'inclinant devant la jeune inconnue, il lui demanda qui elle était ? L'étrangère lui répondit :

— Je me nomme Rothilde ; je suis fille de Dagobert et sœur du roi Clovis II (car cet événement avait lieu en 640 et Dagobert venait de mourir à Saint-Denis). Les hommes félons dont vous m'avez sauvée, poursuivit Rothilde, sont les seigneurs de Poitiers et de Parthenai, qui m'ont enlevée de Compiègne, ne redoutant plus mon père, et ne craignant pas l'épée du roi mon frère, qui n'est encore qu'un enfant.

Lydéric eût mis tout ce qu'il possédait aux ordres de la fille de son suzerain révéré. Il la fit monter sur son cheval, et, le conduisant par la bride, il rentra avec elle au château d'Harlebeke, où les plus grands honneurs furent rendus à la sœur du Roi. — Lorsqu'elle se fut reposée quelques jours, dans la société de la bonne Emergarte, elle pria Lydéric de la reconduire à Soissons, où était la cour. Le vorstier de Flandre obéit; mais en chemin il osa solliciter de la princesse l'honneur de rechercher sa main et il eut le bonheur d'être agréé.

Deux ans après, le jour de Noel, par les soins du sage Éloi, Lydéric épousait à Soissons la belle Rothilde, qui, pieuse et bonne, ne partageait pas toutes les idées de retraite de sa sœur Notburge.

Un peu plus tard, Éloi, devenu évêque de Noyon, parcourut la Flandre, semant partout la foi. Il fut reçu magnifiquement dans la demeure de Lydéric, dont il baptisa le premier enfant. Il bénit cette contrée qui a prospéré, et qui, si elle oublie quelquefois le roi Dagobert et sa cour, se souvient toujours de son pieux ministre.

APPENDICES

LÉGENDE DE SAINT DENIS

ENIS, surnommé l'Aréopagite, parce qu'il faisait partie de la suprême magistrature d'Athènes, naquit dans cette ville, de parents riches et nobles. Après de solides études, il passa en Égypte, où il apprit l'astronomie, qui chez les anciens faisait partie de toute bonne éducation.

Comme il était en la ville d'Héliopolis, il remarqua cette mémorable éclipse de soleil, qui dura trois heures dans la pleine lune, au moment de la mort de Notre-Seigneur Jésus-Christ; et il s'écria: « Ou le Dieu de la nature souffre, ou la machine du monde se dissout. »

A son retour dans sa famille, des chroniques disent qu'il épousa une honnête jeune fille, laquelle se nommait Damaris; et que, bientôt après, sa réputation de sagesse le fit nommer juge de l'Aréopage.

Saint Paul, qui portait alors l'Évangile en Grèce, vint à Athènes. Il fut reçu dans les premières familles, auxquelles il démontra qu'elles étaient près du salut sans le savoir, parce qu'il y avait dans un de leurs temples un autel consacré au Dieu inconnu. Un légendaire rapporte que c'était Denis qui avait fait élever cet autel au Dieu de l'éclipse.

— Ce Dieu inconnu, disait saint Paul, c'est celui que j'annonce, c'est Jésus, que nous adorons.

Des gens qui hésitaient à se convaincre conduisirent Paul devant l'Aréopage, où Denis présidait ce jour-là. Le saint apôtre annonça Jésus-Christ, expliqua les mystères de la chute originelle et de la rédemption, exposa la vie adorable du Dieu sauveur et annonça la résurrection future. Les uns reçurent avec attention la parole sainte; d'autres s'en raillèrent; quelques-uns demandèrent à entendre Paul une autre fois. Mais Denis n'eut pas plus tôt appris que l'éclipse qui l'avait effrayé en Égypte avait été causée par la mort de Jésus-Christ, qu'il se sentit entraîné à l'enseignement de saint Paul; il demanda ardemment des explications sur des circonstances qui l'embarrassaient; il comprenait mal surtout la Trinité et l'Incarnation; il s'étonnait d'entendre saint Paul appeler notre Seigneur *Homme-Dieu*.

— C'est que ce Dieu que je prêche, répondait l'apôtre, pour racheter les hommes a dû expier sous une chair humaine. Il est donc descendu des cieux, s'est fait homme dans le sein de Marie, s'est laissé mettre à mort; après quoi il est ressuscité le troisième jour.

Comme ils discutaient longuement et gravement là-dessus, un aveugle vint à passer devant eux.

— Vous m'avez dit, interrompit l'Athénien, que tout était possible à la foi en votre Dieu. Si en son nom vous rendez la vue à cet aveugle, je crois et j'adore. Mais je crains la magie; et je veux moi-même vous dicter la formule. Vous direz à cet homme : — Au nom de Jésus-Christ, né d'une vierge, crucifié, mort, ressuscité et monté aux cieux, vois.

— Dites vous-même ces paroles sur l'aveugle, répondit Paul; et il verra.

Denis prit l'aveugle par la main, répéta ce qu'il venait de prescrire; à l'instant l'aveugle recouvra la vue.

L'Athénien se convertit; sa jeune épouse voulut avec lui être instruite et recevoir le baptême. Plusieurs de leurs amis suivirent leur exemple. Quelque temps après, saint Paul sacra Denis premier évêque d'Athènes.

Les écrits et le témoignage des plus anciens légendaires nous apprennent qu'il fut comblé de faveurs et de grâces. Saint Paul le trouva assez parfait pour lui révéler une partie des merveilles qu'il avait vues dans son céleste ravissement; et on reconnaît dans ses livres cette grande circonstance.

Après le départ de Paul, Denis alla à Jérusalem voir la sainte mère de Jésus. Elle lui sembla si majestueuse et si belle, qu'il l'eût adorée, dit-il, s'il n'avait su qu'elle était une simple créature.

Quelque temps après son retour de ce pieux pèlerinage, comme Denis s'occupait ardemment d'augmenter le troupeau que saint Paul lui avait confié, les légendaires racontent que, l'heure du décès de la Sainte Vierge étant venue, Notre-Seigneur voulut réunir autour d'elle, aux derniers moments de sa vie terrestre, tous les apôtres et avec eux les plus saints disciples qui prêchaient la foi çà et là par le monde. Denis fut appelé à cette réunion. Il retourna donc à la ville sainte, et assista au dernier sommeil et aux funérailles de la Vierge Marie.

Après cela, ayant fait nommer un autre évêque pour le remplacer sur le siége d'Athènes, Denis se mit en route pour Rome où il voulait aller consoler saint Pierre et saint Paul dans leur prison. Mais, ayant appris qu'ils venaient d'être mis à mort par Néron, il se rendit à Éphèse, où il conféra avec saint Jean l'évangéliste, qui le retint longtemps. Le saint lui conseilla ensuite d'aller à Rome prendre les ordres du successeur de saint Pierre.

Rome était encore peuplée de païens, et les chrétiens fort tourmentés. Denis obtint du Pape une mission dans les Gaules. Il s'y rendit par la Germanie et s'arrêta à Ratisbonne. Mais la persécution qui s'élevait aussi dans cette ville contre les chrétiens le contraignit à regagner le Midi, où saint Pierre avait déjà envoyé quelques disciples. Il visita Arles, et y laissa saint Rieul ou Régulus, qui en fut, selon quelques-uns, le premier prélat; il envoya saint Eugène en Espagne.

« Et sachant, dit le père Riba de Néira, que Paris était une ville riche et peuplée, il y vint planter une divine citadelle, pour battre le démon en ruines. »

Nous citons ce passage, parce que des critiques modernes, hostiles par système à tout légendaire, l'ont relevé, prétendant que Paris alors n'était qu'une bicoque. Mais si Paris alors n'était pas encore la capitale des autres villes de la Gaule, divisée en plusieurs nations, c'était une ville beaucoup plus considérable qu'on ne se le figure, sur la foi des jeunes historiens qui, dépourvus de documents, représentent Paris sous les Romains comme un hameau renfermé dans une partie de l'île de la Cité.

Cette partie, qu'on a pu prendre pour le tout, n'était que la forteresse des Parisiens. Une grosse redoute occupait la place Dauphine. Le terre-plein de Henri IV sur le Pont-Neuf était une petite île détachée. La Seine était beaucoup plus large qu'aujourd'hui, et le sol plus bas, puisqu'en 1507 on éleva de dix pieds certaines petites rues de la Cité que l'on vient d'élever encore, et qu'il fallait descendre vingt marches à Saint-Denis-de-la-Chartre. L'île appelée la Lutèce des Parisiens était du reste une bonne retraite, close de gros murs. On n'y arrivait que par deux ponts protégés : l'un à droite, où nous voyons le Pont-au-Change; l'autre à gauche, qu'on appelle encore le Petit-Pont.

Mais, si c'était un lieu de défense, c'était aussi une ville de commerce. Dès le temps de César, il y avait là une compagnie ou corporation de navigateurs sur la Seine; et Paris avait déjà un vaisseau pour symbole. L'endroit où se tient présentement dans la Cité le Marché-Neuf était du temps des Romains la place du Commerce. Cette place était, à ce qu'il paraît, assez vaste; des boutiques et des comptoirs l'entouraient. Les habitations devaient se trouver hors de la cité. Il y avait des cimetières aux lieux où sont aujourd'hui la rue Vivienne, la place de Grève jusqu'au Monceau-Saint-Gervais, la rue d'Enfer, et la rue de Lourcine, appelée ainsi par corruption de *locus cinerum*. Ces cimetières, dont diverses fouilles ont prouvé la grande étendue, supposent nécessairement une ville considérable. On voyait, il n'y a pas encore fort longtemps, à la place Sainte-Opportune, près le marché des Innocents, une tourelle octogone de douze pieds de diamètre, haute de quarante, qui, bâtie par les Romains, servait de phare et de corps-de-garde pour la protection du commerce [1]. Il y avait des autels à Mercure et à Mars sur les buttes de Montmartre, un temple à Cybèle où s'élève présentement Saint-Eustache, un monument druidique à la rue Pierre-Levée, dans le faubourg du Temple; une villa dans la rue de la Harpe, dont Constance-Chlore fit un vaste palais, que Julien-l'Apostat occupa longtemps, et que nous appelons le palais des Thermes, à cause de ses bains; un oratoire à Bacchus un peu plus haut, et, selon quelques-

[1] Elle ne fut abattue qu'en 1780. C'était la tour de Notre-Dame-'u-Bois.

uns, un temple à Isis, à la place Saint-Germain-des-Près. Tout cela suppose une ville populeuse. C'était dans les Gaules le séjour des empereurs romains; et César parle avec importance de ses habitants.

Ce ne fut donc pas sans raison que Denis en fit le but de son apostolat. Il y arriva l'an de Jésus-Christ 92, étant déjà fort âgé. Il marchait accompagné de saint Rustique et de saint Eleuthère.

Dès qu'il fut entré dans Lutèce, il se mit à prêcher l'Évangile; les habitants l'écoutèrent, et un grand nombre se fit baptiser.

Le bassin de Paris avait été un lac; on trouvait sur les rives de la Seine des loutres qui se nourrissaient de poisson, des dragons dont l'existence, niée par nos pères du dernier siècle, a été reconnue enfin par les vrais savants. Les environs de Paris, coupés de forêts et de marécages, étaient surtout infestés de loirs, de serpents et de rats. Suivant une tradition qui n'est qu'un conte populaire, Denis, pour parer à ces inconvénients, fit mettre sous une pile du grand pont un loir et un serpent de bronze; et aussitôt les serpents et les loirs disparurent.

Ce qui a pu donner lieu à ce conte, c'est qu'on lit dans Grégoire de Tours que la cité de Paris, au moyen d'un certain préservatif dû à une ancienne consécration, était à l'abri des incendies, et que les serpents et les loirs ne pouvaient plus y paraître. Mais, dans la suite, en réparant les fondations du pont, on découvrit un serpent et un loir en bronze; dès que ces figures furent enlevées, les loirs et les serpents rentrèrent en grand nombre dans la ville [1].

On ajoute que plus tard l'évêque Eptadius chassa les loirs et les rats, qui se retirèrent dans le voisinage. Comme souvenir, ils ont laissé leur nom à une des portes ou barrières [2]. Saint Marcel obligea les serpents à s'aller éteindre dans les bois d'Auteuil.

Cependant, comme c'est l'usage, on murmurait quelquefois contre le saint; et, des plaintes bien ou mal fondées, on passait rapidement à l'émeute. Alors les Parisiens couraient avec bruit au logis du saint, poussés par leurs me-

[1] Greg. Turon. Miracul. lib. I, cap. 72.

[2] La barrière des Rats.

neurs, qui n'étaient autres que les sacrificateurs païens. Mais sitôt que Denis, ouvrant sa porte, venait à eux avec sa barbe blanche et sa figure vénérable, ils n'avaient plus le courage de lui mal faire.

Les ennemis du saint se décidèrent enfin à le dénoncer comme séditieux au préfet Fescenninus, envoyé par Domitien dans les Gaules. Fescenninus le fit arrêter avec ses compagnons Eleuthère et Rustique. On les fouetta de verges, et on coucha Denis sur un brasier, comme le plus dangereux des adversaires du paganisme. Il n'en souffrit pas. Alors on l'exposa aux bêtes féroces, qu'on avait fait jeûner. Il fit sur elles le signe de la croix, et les bêtes se prosternèrent à ses pieds. On le jeta dans un four à chaux, qui dépendait du temple de Jupiter et de Vesta, et qui était situé à l'endroit où l'on a bâti depuis la petite église de Saint-Denis-du-Pas ou de la Passion au chevet de Notre-Dame; il en sortit intact, comme des autres épreuves.

On le remit dans son cachot, qu'on appelait la prison de Glaucin. C'était une cave creusée au coin des rues de la Lanterne et du Haut-Moulin;

à l'endroit où l'on a bâti depuis l'église de Saint-Denis-de-la-Chartre ou de la Prison (*de carcere*), démolie en 1810. On rapporte qu'il y célébra le saint sacrifice ; et le trésor de Saint-Denis gardait au dernier siècle, et conserve peut-être encore, les burettes de cristal qui servirent en cette occasion. Rustique faisait, dit-on, les fonctions de diacre, et Éleuthère celles de sous-diacre.

Après la consécration, le divin Sauveur apparut aux trois bons serviteurs, et leur dit : Soyez fermes, car il vous reste peu de temps à souffrir pour être couronnés.

Bientôt, en effet, les persécuteurs menèrent Denis, Éleuthère et Rustique, à la colline de Montmartre, auprès de Paris, ainsi nommée parce qu'elle devint le mont des martyrs, et on leur trancha la tête. « Denis avait plus de » cent ans, dit la légende du Bréviaire Romain, » lorsqu'il fut frappé de la hache. La tradition » nous apprend qu'après avoir été décapité il prit » sa tête entre ses mains et la porta à une dis» tance de deux mille pas. »

De très anciens monuments appuient cette tradition. On raconte qu'à la vue de ce miracle

insigne, une femme nommée Lartia s'étant écriée qu'elle était chrétienne, on la décapita comme Denis; elle reçut ainsi le baptême de sang. Virbius, son fils, touché comme elle, se rendit à Rome, où il embrassa la foi de Jésus-Christ.

Cependant, suivant la tradition que nos pères ont constamment révérée, saint Denis porta sa tête depuis Montmartre jusqu'au lieu même où s'est élevée depuis sa basilique.

Les corps des saints Éleuthère et Rustique étaient demeurés sur la place, et les aides des bourreaux se proposaient de les traîner à la Seine. Une pieuse femme nommée Catule, chrétienne en secret, avait recueilli et enseveli avec honneur les précieux restes de saint Denis. Elle alla trouver les aides bourreaux, leur portant des vivres et du vin; et, pendant qu'ils festinaient, des chrétiens dévoués dérobaient et cachaient les corps des bienheureux compagnons du premier évêque de Paris.

On raconte encore qu'au moment où saint Denis et ses deux disciples recevaient le martyre, saint Régulus ou Rieul, évêque d'Arles, célébrant la messe, et invoquant selon l'usage les noms des saints inscrits aux diptyques, ajouta, sans l'avoir prémédité, le nom de saint Denis. Étonné de ce qu'il croyait une distraction, Rieul leva les yeux sur la croix de l'autel, où il vit trois colombes blanches, qui portaient les trois noms de Denis, de Rustique et d'Éleuthère, gravés en lettres de sang sur leur poitrine. Il connut par là que les trois saints avaient atteint le but.

Une chapelle fut construite sur la tombe des trois martyrs; et, en 469, les pieuses exhortations de sainte Geneviève firent élever une église sur les ruines de cette chapelle. Les chrétiens venaient de toutes parts la visiter avec beaucoup de dévotion, comme nous l'apprenons de plusieurs endroits des ouvrages de saint Grégoire de Tours. Il résulte de ces mêmes passages, dit Godescard, que l'église dont il s'agit était hors des murs de la ville, quoiqu'elle n'en fût pas éloignée. Il paraît, par une donation de Clotaire II, qu'il y avait là une communauté religieuse gouvernée par un abbé.

Dagobert, qui mourut en 638, fonda la célèbre abbaye de Saint-Denis, où les rois de

France ont eu leur sepulture jusqu'à la fin du dernier siècle. Peppin et Charlemagne, son fils, furent les principaux bienfaiteurs de ce monastère, que l'abbé Suger fit rebâtir avec une grande magnificence. On y garde encore les reliques de saint Denis, de saint Rustique et de saint Éleuthère, dans trois châsses élégantes. On a, dit encore Godescard, l'histoire des miracles opérés par l'intercession des trois saints martyrs; elle est divisée en trois livres, dont le dernier finit à l'an 887.

Mais ce fut principalement sous le roi Dagobert, dit M. Leroux de Lincy [1], que la grandeur et les magnificences de l'abbaye royale de Saint-Denis commencèrent véritablement. Ce prince eut pour la vieille basilique une vénération toute particulière : non seulement il la reconstruisit presque tout entière, mais encore il établit un monastère, qu'il dota richement, afin que rien ne détournât les religieux des prières continuelles qu'il voulait qu'on récitât sur le tombeau des saints martyrs. Frédégaire, chroniqueur du IXe siècle, nous a parlé des travaux

[1] *Environs de Paris*, Montmartre et Saint-Denis.

de Dagobert dans l'ancienne basilique de Saint-Denis: ils consistaient en décorations d'or et de pierreries, qu'il fit exécuter par son ministre saint Éloi. Les légendaires ont prétendu que la prédilection de ce prince pour l'église de Saint-Denis était le résultat d'un vœu qu'il avait fait dans sa jeunesse. Ils ont dit que ce prince, fatigué des vexations qu'il éprouvait de la part de son gouverneur, prit la résolution de s'en venger; profitant de l'absence de son père, il saisit le magistrat à la barbe, la lui coupa, écorcha quelque peu le menton du patient, et ensuite, aidé de ses familiers, il l'accabla de coups.

Pour éviter la punition de sa faute, le jeune prince se sauva dans une forêt, puis dans la chapelle du saint martyr Denis, qui empêcha les soldats du roi de s'emparer du coupable. En reconnaissance de cette protection, Dagobert fit élever la basilique de Saint-Denis, qu'il voulait enrichir des matières les plus précieuses.

Ce n'est pas la seule légende racontée par les chroniqueurs sur le même sujet; et ces récits augmentaient encore à leurs yeux cette vénération que les fidèles portaient à la sainte basilique.

Tous les ans on montrait solennellement au peuple les châsses splendides des trois martyrs devenus les patrons de la France. Leur exposition dans la plaine de Saint-Denis amena une grande foire, qu'on appelait la foire du Landit, et que les chroniqueurs font remonter à Dagobert. Philippe-Auguste régla cette foire, qui attirait une foule immense et qui était surtout fréquentée par les écoliers. C'est dire qu'il s'y commettait de grands désordres, comme il y en a dans toutes les cohues, et comme si l'espèce humaine avait besoin de la solitude pour conserver sa raison.

L'INVASION D'ATTILA

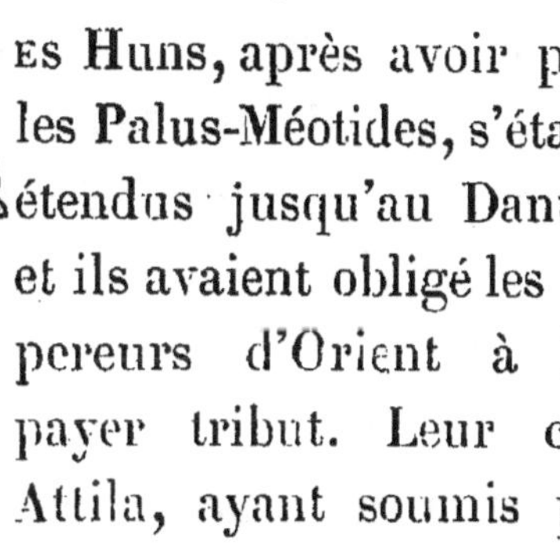

Les Huns, après avoir passé les Palus-Méotides, s'étaient étendus jusqu'au Danube, et ils avaient obligé les empereurs d'Orient à leur payer tribut. Leur chef, Attila, ayant soumis plusieurs rois barbares et rassemblé en cohue une armée de cinq cent mille hommes, passa, en 451, de la Pannonie dans la Gaule, n'annonçant que le projet de faire la guerre à Théodoric, roi des Visigoths ; mais son dessein était le même que celui qui, 50 ans après, réussit plus heureusement à Clovis. Pour en préparer l'exécution, Attila avait semé et fomenté la division entre l'empereur Valentinien et Théodoric, qui régnait sur les provinces d'entre la Loire, l'Océan et la Méditerranée. Prisque, orateur grec, qui avait été envoyé vers Attila en qualité d'ambassadeur , assure que toute sa physionomie annonçait un homme né pour le malheur de l'univers.

Pour inspirer plus de terreur aux peuples qu'il voulait subjuguer, Attila prit le surnom de Fléau de Dieu, et, sous ce nom terrible, il se crut en droit de mettre tout à feu et à sang. Après avoir passé le Rhin sans obstacle, il détruisit toutes les villes qu'il trouva sur son chemin, entre autres Trèves et Metz, cités alors très considérables. On lit dans Grégoire de Tours que Metz fut prise la veille de Pâques, fête qui tombait en cette année, 451, au 17 avril; et qu'après avoir égorgé les citoyens et les prêtres, les Huns réduisirent la ville en cendres. De là, marchant en avant et lançant de forts détachements à droite et à gauche, Attila se montra sur le territoire de Reims, au mois de mai : cette ville eut le sort des autres. Il se dirigea alors sur Paris, qui dut son salut à la protection et aux prières de sainte Geneviève. Le diocèse de Paris compte plusieurs martyrs massacrés par les Huns dans la péninsule de la Marne, où l'on voit aujourd'hui Saint-Maur-des-Fossés.

Après avoir jeté l'épouvante dans toutes les provinces d'entre le Rhin, la Meuse et la Moselle, voyant qu'il avait le champ libre, et qu'on ne lui opposait point d'armée qui pût retarder ou empêcher ses conquêtes, Attila profita de la consternation générale pour se rendre promptement sur la Loire. Il se proposait de se saisir d'Orléans pour en faire sa place d'armes, et d'aller ensuite conquérir les provinces au delà de ce fleuve, persuadé que s'il pouvait vaincre et subjuguer les Visigoths, qui les occupaient, il se rendrait maître aisément de toute la Gaule.

Les Romains, les Visigoths, les Bourguignons, les Francs, qui s'étaient établis dans ces belles contrées, ne pensaient qu'à s'agrandir aux dépens les uns des autres. Attila ne regardait pas comme une affaire difficile de tout subjuguer, dès qu'il aurait vaincu les Visigoths.

Il y a tout lieu de croire qu'il passa la Seine à Ponts, petite ville à dix lieues au-dessous de Troyes, à deux lieues au-dessus de Nogent, ainsi nommée à cause des ponts que les Romains y avaient construits. On l'appelait anciennement

Duodecim Pontes. On trouve sur un petit ruisseau, à l'est de Ponts, de grosses pierres qui ont tout l'air d'autels qu'Attila aurait fait ériger pour offrir des sacrifices à ses dieux dans cet instant décisif.

Après avoir passé la Seine, il se porta sur l'Yonne, et s'empara de la ville d'Auxerre qu'il ravagea. Une partie de son armée passa la rivière à Auxerre, et l'autre à Pont-sur-Yonne.

Enfin, ce prince arriva sur la Loire, à la vue d'Orléans, le 24 juin, suivant les actes de la vie de saint Aignan (*Anianus*), évêque d'Orléans ; ce prélat avait prédit qu'une bête cruelle arriverait le 8 des calendes de juillet, avec le projet de mettre en pièces son troupeau. En s'approchant d'Orléans, Attila fit ses dispositions pour l'attaquer. Il l'investit et en forma le siége. Elle avait été fortifiée, et on y avait jeté une garnison composée d'Alains et commandée par Sangiban, leur roi, qui était à la solde des Romains.

La résistance fut grande ; Attila ne douta point que cette résistance n'eût pour fondement l'espérance d'un prompt secours. En effet, Orléans comptait sur saint Aignan, son évêque, comme on le verra.

Pour en finir plus tôt, Attila tenta de gagner Sangiban ; il lui fit faire sous main des propositions : peu s'en fallut qu'il ne réussît. Ce moyen lui ayant manqué, il pressa le siége plus vivement, fit battre la ville de toutes parts et il se flattait de la pouvoir bientôt emporter.

Mais Orléans était soutenu par l'espérance. Aétius, général des Romains, et commandant dans les Gaules, avait mis tout en mouvement pour y faire connaître le danger commun dont on était menacé. Attila avait dans ce général un puissant obstacle à ses projets. L'histoire nous a conservé son portrait. Né avec un tempérament vigoureux, adroit à tous les exercices, actif avec circonspection, aussi habile négociateur que grand capitaine, ennemi de tout gain sordide, à l'épreuve des injures, aimant le travail, intrépide dans le danger, souffrant gaiement la faim, la soif et les veilles, Aétius réunissait toutes les qualités qui font les héros.

Voulant opposer une digue aux desseins d'Attila, il s'était servi de l'entremise d'Anitus, en qui les Gaulois avaient une grande confiance, pour leur persuader la nécessité de marcher promptement au secours de leur patrie. Il ébranla par les mêmes motifs les peuples neufs établis dans les Gaules. Ainsi les Francs, sous la conduite de Mérovée, leur roi, et de son fils Childeric, les Bourguignons, tous les Gaulois de la Belgique et de la Celtique, se mettent en marche avec les Saxons auxiliaires, et viennent joindre Aétius, qui, par ce concours, se trouve à la tête d'une armée d'environ deux cent mille hommes.

D'un autre côté l'empereur Valentinien avait ménagé une ligue avec Théodoric, roi des Visigoths, qu'Aétius s'était empressé d'instruire de l'approche d'Attila. Saint Aignan, du jour où il avait vu sa ville menacée d'un siége, s'était rendu en diligence à Arles, pour représenter à Aétius le danger qui le menaçait. Celui-ci l'avait envoyé à Théodoric, à qui il fit comprendre combien il était intéressé à marcher au secours d'Orléans, dont la prise ouvrait ses États à Attila.

Théodoric avait une puissante armée; il se

mit à la tête de ses forces avec Thorismond, son fils aîné, et renvoya saint Aignan au romain Aétius, qu'il informa du succès de sa démarche. Après quoi, le saint évêque revint courageusement à Orléans, où il soutint le courage de son peuple. Aétius, marchant à grandes journées, se réunit à Théodoric, et ils arrivèrent ensemble en vue de la ville assiégée.

Attila ne connaissait ni le nombre ni les forces de ses ennemis; il n'ignorait pas qu'il avait affaire à deux généraux expérimentés et à des troupes fraîches, pourvues abondamment, entrant dans un pays ami, intéressées et déterminées à l'attaquer vigoureusement. Il n'avait pas encore trouvé l'occasion de combattre; rien ne s'était opposé à son invasion : tout avait plié devant lui; ses troupes n'avaient point vu d'ennemis; et cependant elles étaient fatiguées, tant par la longueur des marches, que par les travaux d'un siége qui se poussait avec la plus grande vivacité. D'ailleurs les vivres commençaient à manquer, le pays qu'elles tenaient était épuisé; sa cavalerie était nombreuse : mais de quelle utilité pouvait-elle être dans un terrain coupé comme les environs d'Orléans? Attila tint conseil avec ses généraux ; on conclut qu'il fallait se retirer et abandonner le siége. Ce parti n'était pas sans danger ; mais le barbare préféra ce danger à la crainte de perdre une bataille, ou à la honte d'être forcé dans son camp.

Les Huns n'abandonnèrent leur proie qu'avec douleur : la ville était aux abois, la brêche se trouvait praticable pour un assaut général, quelques officiers principaux avaient même pénétré dans la place. Ils étaient en pourparlers avec les citoyens, pour prendre des ôtages et convenir d'une capitulation ; précisément dans cet instant critique le secours était arrivé.

Dès que Théodoric et Aétius se furent aperçus que l'armée ennemie levait le camp, ils envoyèrent des détachements à sa poursuite ; on battit l'arrière-garde, on tua beaucoup de soldats ; mais la nuit qui survint couvrit la retraite d'Attila.

C'est cette action qui a fait dire à plusieurs historiens, entre autres à Idace et à Jornandès, qu'il s'était donné une grande bataille près d'Orléans. Le premier dit qu'Attila soutint un grand combat sur la Loire, dans le voisinage d'Orléans, contre les Goths; que ceux-ci perdirent deux cent mille hommes; que leur roi Théodoric y laissa la vie et qu'Attila eut cent soixante mille hommes de tués. Mais Idace ajoute qu'il y eut depuis, dans une plaine voisine de la ville de Troyes, une action plus sanglante, puisqu'elle dura trois jours. Et Jornandès, en disant que cette bataille se donna près d'Orléans, ajoute que ce fut dans les plaines de Châlons : *In campis Catalaunicis, in campo Mauriaco.*

Si Attila ne s'était mesuré avec Aétius que sous Orléans, cette ville serait tombée en son pouvoir, puisque ce serait dans cette bataille que les Goths auraient perdu non seulement deux cent mille hommes, c'est-à-dire au moins les deux tiers de leur armée, mais encore leur roi, leur général. Dans cet état, comment auraient-ils eu le courage de poursuivre Attila jusqu'aux environs de Troyes? Il ne restait de parti à Thorismond que de retourner dans ses États, pour les rassurer par sa présence, pour mettre ses frontières en sûreté, pour remettre son armée en état de tenir la campagne, et enfin pour prendre possession du trône de son père, lequel, en son absence, aurait pu être occupé par un de ses frères. Il prit bien ce parti; mais ce ne fut qu'après le gain de la bataille donnée dans les plaines de Champagne, où Théodoric, son père, perdit la vie.

D'ailleurs, si la perte des Goths eût été de deux cent mille hommes, Aétius eût dû aussi souffrir quelques échecs : et, en ce cas, comment peut-on concevoir qu'Attila victorieux est forcé de lever le siége d'Orléans, de se retirer, de retourner sur ses pas, suivi de près par une armée vaincue, et qui l'atteint en Champagne vers la Seine? Si l'on prétendait que toute la perte de cette bataille fût tombée sur les Goths, comment imaginer que Thorismond ne serait point entré en défiance contre Aétius, qui aurait semblé avoir eu dessein de sacrifier l'armée des Goths pour ménager la sienne? De pareils soupçons sont naturels : s'ils ont eu lieu, Thorismond n'aurait vu dans Aétius qu'un allié perfide et infidèle. Cependant on voit ce prince poursuivre Attila, de concert avec le général romain.

Il paraît plus sensé de conclure de tout ceci

qu'Attila, ayant été obligé de lever le siége d'Orléans, pour ne pas risquer de se voir forcé dans son camp, perdit une partie de son arrière-garde, qui fut poursuivie et maltraitée par l'ennemi, et que cette défaite a été confondue, par des écrivains éloignés des lieux, avec la bataille rangée qui ne fut donnée que plus de six semaines après, dans la Champagne, où avait marché Attila, et dans la plaine de *Mauriacum*, qu'il avait choisie comme plus commode pour les évolutions de ses troupes, et surtout pour sa cavalerie, qui était très nombreuse.

J'ai pour garant de ce sentiment Grégoire de Tours, historien français, et par conséquent plus digne de croyance que des étrangers tels qu'Idace et Jornandès, dont l'un était Italien et l'autre Espagnol. Il dit simplement qu'Attila fut obligé de lever le siége d'Orléans et de se retirer. Voici ses termes :

« Cependant les murs d'Orléans, ébranlés » par les béliers, étant prêts à s'écrouler, arri- » vent en ce moment Aétius et Théodoric, roi » des Goths, accompagné de son fils Thoris- » mond ; ils avancent vers la ville ; ils repous-

» sent Attila; ils lui font lever le siége et le » mettent en fuite. Celui-ci, s'étant retiré dans » la plaine de *Mauriacum*, se prépare au com- » bat. Les autres, à cette nouvelle, se détermi- » nent à l'attaquer vigoureusement. Ainsi » Aétius, joint aux Francs et aux Goths, enga- » gea la bataille avec Attila, qui, voyant son » armée près de périr, se retire précipitamment. » Le roi Théodoric est tué dans cette action. »

Cet historien ajoute qu'alors la guerre fut finie. Aétius, dit-il, ayant pillé le camp ennemi, revint à Arles, chargé de riches dépouilles, et Attila s'en retourna avec les débris de son armée.

On voit par ce récit qu'il s'est passé deux actions entre Aétius avec ses alliés et Attila, l'une lors de la levée du siége d'Orléans, l'autre aux plaines de *Mauriacum*. Ce sentiment est appuyé par les actes de saint Aignan, évêque d'Orléans, où on lit qu'Attila, forcé de lever le siége d'Orléans, prit la fuite, qu'étant arrivé à *Mauriacum* il y livra bataille, et que son armée y fut presque entièrement défaite.

Attila, obligé de se retirer avec perte de de-

Attila.

vant Orléans, tâcha de remettre son armée en état de défense; il reprit le chemin qu'il avait tenu pour arriver sur la Loire. Après avoir passé l'Yonne, il gagna les bords de la Seine, résolu de continuer sa marche en sûreté, ou de se fixer dans un camp avantageux. En temporisant, il avait à espérer que tant de nations liguées contre lui pourraient se désunir; et qu'alors il prendrait son avantage suivant les conjonctures.

Aétius, qui ne voulait pas laisser échapper une armée fugitive et à demi battue, avait prévenu Attila. Il avait fait rompre les ponts sur la Seine; et, il le suivait dans le dessein de le combattre dès qu'il l'aurait joint.

Attila fit halte et campa sur les bords de la Seine; là, il consulta ses dieux, comme il avait déjà fait avant que de passer ce fleuve, pour savoir s'il devait éviter la bataille ou la donner. Il fit des sacrifices et offrit des victimes sur plusieurs autels faits de grosses pierres brutes, dont plusieurs ont plus de vingt-quatre pieds de circonférence; on les voit encore aujourd'hui assez près de la petite ville de Ponts, vers les bords de la Seine, sans apparence qu'elles aient pu servir à d'autres usages. Les augures ne furent pas heureux. Les sacrificateurs ne purent s'empêcher de déclarer que la bataille serait funeste aux Huns; mais ils ajoutèrent qu'un général de l'armée ennemie y serait tué. Attila, se flattant qu'Aétius, dont il redoutait la valeur et la prudence, pouvait être ce général désigné, résolut de donner bataille.

Presque tous les historiens disent, d'autre part, que cette bataille s'est donnée dans les plaines de Châlons-sur-Marne, *in Campis Catalaunicis*. Ainsi on doit conclure qu'elle ne s'est point donnée près d'Orléans, comme je l'ai déjà observé, encore moins en Auvergne, ou dans le voisinage de la ville de Toulouse, comme quelques auteurs l'ont prétendu.

En effet ces plaines de Châlons sont désignées par Jornandès d'une manière qui indique bien clairement la Champagne : il assure qu'elles ont cent lieues de long à la mesure des Gaulois, et soixante-dix de large. Cet historien observe que la lieue des Gaulois est de quinze cents pas; la lieue commune de France étant de trois mille pas, il résulte que ces plaines auront encore cinquante de nos anciennes lieues en longueur, et trente-cinq en largeur. Le champ de bataille est ensuite désigné d'une manière plus particulière par ces termes : *campi Mauriaci*, c'est-à-dire qu'elle a été donnée dans la plaine de *Mauriacum*.

Grégoire de Tours dit qu'Attila, ayant été repoussé de devant Orléans, se retira dans les plaines de *Ma riacum*, et que là il se prépara à une bataille. Les actes de la vie de saint Aignan nous disent que c'est dans cet endroit que l'armée d'Attila fut presque détruite : *In loco qui vocatur Ma riacus*.

Idace nous donne un nouveau jour pour connaître la véritable situation de cette plaine de *Mauriacum*. Il dit positivement que les Huns, en se retirant du siége d'Orléans, dirigèrent leur marche vers Troyes, à dessein de camper, comme ils le firent, dans la partie de la Champagne *Mauriacense*, ainsi appelée à cause de *Mauriacum*, qui lui donnait son nom.

Nous connaissons une belle et grande plaine distante de cinq lieues environ de Troyes, dans laquelle deux armées très nombreuses, telles qu'étaient celles d'Aétius et d'Attila, ont pu donner bataille ; et cette plaine fait partie du territoire de la petite ville de Méry, située sur la Seine, au nord-ouest de Troyes: elle s'appelait autrefois *Mauriacum*, et ce nom s'est étendu à la plaine qui l'environne: *Campus Mauriacus et Campania Mauriacensis*.

Cette identité se démontre par ce qu'on lit dans Aimoin, que la reine Brunehault, à la fin du sixième siècle, en 600 environ, c'est-à-dire, 150 ans après le bataille dont il est question, chassée du royaume d'Austrasie par les grands de l'État, et obligée de fuir seule et inconnue, arriva dans cette partie de la Champagne appelée *Mauriacensis*, et qu'embarrassée de trouver un guide pour la conduire en Bourgogne, elle s'adressa à un jeune paysan qui l'y accompagna: or, il paraît certain, par la route que tint cette reine, qu'elle passa par Méry, et que c'est dans le voisinage de cette ville qu'elle trouva un conducteur.

MM. Pithou et Desguerrois, qui lisent *Marciacensis*, prétendent qu'il faut ôter l'M et lire *Ar-*

ciacensis, parce que Brunehault avait un château à Arcis (cinq lieues de Méry). Ce désaccord est peu important.

On sait que la province dont Troyes était la capitale a été appelée Champagne à cause de ses grandes plaines, et on en a désigné les différentes contrées par les noms des villes voisines: *Campania Catalaunensis*, *Campania Remensis*, *Campania Trecensis*, *Campania Arciacensis*, *Campania Mauriacensis*.

M. de Valois, dans sa notice des Gaules, assure que la bataille livrée à Attila par Aétius et ses alliés s'est donnée ou du moins entamée dans les plaines de Méry. Ce n'est que là, en effet, qu'Attila a pu camper aux bords de la Seine.

Les Huns, après avoir levé le siége d'Orléans, se dirigent donc vers Troyes, traversent la Seine, et campent dans la plaine de Méry, non à gauche de la rivière, comme le dit Grosley, que nous suivons, mais à droite. Ils sont attaqués, la bataille s'engage. Attila recule en combattant vers Châlons, qui n'est qu'à quinze lieues. Une lutte acharnée se livre à deux lieues de Méry, où s'élève, près d'un bras de l'Aube, un village qui a conservé le nom de Charny (lieu du carnage) ; les combats continuent dans l'immense plaine qui s'ouvre à Plancy (sur l'Aube) *(Planities)* et qui de là s'étend sans interruption, sans rivières, jusqu'à Châlons. Près de Plancy, et sur la route de Châlons, est le village de Salon, qui attribue son nom à un camp des Francs-Saliens ; Courcemain *(Horseman)*, ancien camp de cavalerie ; Viâpres (*Via aspera*), camp fortifié par des marais ; un peu plus loin un hameau élevé qui a dû alors à de beaux faits d'armes le nom de Mont-des-Preux, aujourd'hui un peu altéré [1] ; Règes, entre Plancy et Méry, où étaient les *rois* de la suite d'Attila, et où coule le ruisseau de la Barbuise [2] (*Ruisseau cruel*, en langage des vieux Germains), ruisseau dont les eaux furent ensanglantées et le cours arrêté par les monceaux de cadavres [3].

Grosley continue :

Nous avons une dernière preuve qui me paraît

1 Montépreux.

2 Buis, ruisseau.

3 Il n'y a que quelques années qu'on a encore découvert, au bord de la Barbuise, le corps et les armes d'un guerrier d'Attila.

Soldats d'Attila.

démonstrative. Elle est tirée des actes très anciens et très authentiques de la vie de saint Loup, évêque de Troyes. Ces actes assurent que, les Huns s'étant répandus dans les Gaules, l'alarme devint générale; que, lorsque l'on apprit qu'ils marchaient vers la Champagne, et du côté de la ville de Troyes, les citoyens furent saisis de crainte. Saint Loup, persuadé de l'impossibilité de la défense, envoya complimenter l'avant-garde d'Attila, campée vers le village de Brolium, à présent Saint-Memin, distant de cinq lieues de Troyes, et d'une lieue de Méry [1]; il choisit pour cette députation sept clercs de son église, avec Mémorius [2], diacre, qui devait porter la parole: ils marchèrent précédés de la croix, avec les textes des Évangiles, et des encensoirs. Le chef leur donna audience et les écouta. Il est à croire que, content de ces soumissions, il aurait renvoyé les députés en toute sûreté; mais un incident fut cause de leur mort: les rayons du soleil, qui donnaient sur les lames

[1] Quelques savants croient que le nom nouveau de Méry est dû à un camp de Merowings ou soldats de Mérovée.

[2] Honoré sous le nom de saint Memin.

d'or du livre des Évangiles, frappèrent, par réverbération, les yeux du cheval monté par le général parent d'Attila: ce cheval s'emporta, et renversa son maître, qui fut tué.

Les Huns, furieux de cet accident, s'écrièrent que ces gens-là étaient des magiciens, et on ordonna leur mort; on les arrêta ; ils furent égorgés sur le bord du grand chemin. Un jeune clerc, du nombre des sept, seul se sauva à Troyes, où il fit rapport à son évêque de ce qui s'était passé. Les corps de ces clercs, enlevés et cachés par des chrétiens, furent par la suite enterrés avec solennité ; on les déposa dans des tombeaux de pierre placés dans une chapelle souterraine. L'armée d'Attila était donc alors à cinq lieues de Troyes, et dans la plaine voisine de Méry ; c'est donc là que l'on doit trouver l'entrée de ce champ de bataille. Cette preuve est appuyée, non seulement sur une tradition constante, et sur d'anciens monuments historiques, mais encore sur un fait qui existe aujourd'hui, c'est-à-dire, sur les tombeaux de saint Memin et de ses compagnons.

Reste à trouver dans la plaine de Méry le terrain désigné par Jornandès, qui nous a donné une-relation très détaillée de la bataille et une description étendue de tous les mouvements des deux armées : il faut l'entendre lui-même. A son récit nous joindrons quelques observations, pour faire connaître que la plaine indiquée par nous réunit tout ce qui peut désigner le théâtre de cette fameuse bataille :

1° Il faut une plaine assez vaste, assez découverte, pour contenir deux armées nombreuses, de cinq cent mille combattants environ chacune, et entre les deux camps, un terrain propre pour les mouvements et les évolutions : *Aperto Marte certatur*. Or la plaine qui, entre l'Aube et la Marne, va de Plancy à Châlons, a plus de douze lieues de longueur, et plus de dix en largeur.

2° La colline dont parle Jornandès, et qui sépara les deux armées, porte aujourd'hui le village de Champfleury. Le ruisseau aux bords peu élevés est la Barbuise, qui coule à l'est dans cette plaine.

Enfin les Huns, poussés de toutes parts, commencèrent à plier ; bientôt la confusion fut générale, ils furent enfoncés partout. On vit alors le ruisseau abandonné (la Barbuise) rouler le sang à pleins bords, avec la rapidité d'un torrent, et offrir à ceux que tourmentait la soif un breuvage mêlé de leur propre sang.

Attila cependant faisait manœuvrer ce qui lui restait de cavalerie pour assurer sa retraite; mais celle des Visigoths engagea avec elle un nouveau combat; il était tard, le jour finissait, à peine se connaissait-on. Théodoric, s'étant trop avancé, eut son cheval tué sous lui: il tomba et mourut foulé aux pieds des chevaux. Les Visigoths, sachant que leur roi était en danger, devinrent encore plus furieux; ils attaquèrent les Huns en tête et en flanc avec un tel acharnement, qu'ils auraient percé jusqu'à Attila, s'il ne s'était promptement retiré jusque dans un camp que son arrière-garde avait dressé vers le mont des Preux. Il y recueillit les débris de son armée. Thorismond, poursuivant trop vivement l'ennemi, pénétra dans le camp même; son cheval fut tué: heureusement dégagé par les siens, il retourna au camp des Romains. Aétius eut la même aventure et courut les mêmes risques. Peu à peu chacun se retira. Les Romains ne se flattaient de la victoire qu'avec une certaine inquiétude; on ne pouvait encore savoir au juste le nombre de morts de part et d'autre; Aétius était persuadé que la victoire lui coûtait cher, par la résistance opiniâtre des Huns, et par la valeur d'Attila.

On croit, aux environs de Châlons-sur-Marne, que cette grande bataille eut lieu au village de la Cheppe : et elle se livrait sur une si grande échelle, qu'il est possible que la déroute ait été jusque-là. Du reste les plaines que la défaite d'Attila ensanglanta sont presque toutes champs catalauniques.

Aétius passa la nuit sur la colline de Champfleury, avec quelques troupes fraîches en bataille. Attila, rentré dans son camp, fit travailler toute la nuit à renforcer les retranchements, il garnit les chariots qui les bordaient, de Gépides, gens habiles à tirer de l'arc.

Le lendemain, au point du jour, Aétius voulut reconnaître le champ de bataille ; il vit toute la plaine, jusqu'au camp d'Attila, jonchée de morts : on en voyait des monceaux vers le petit ruisseau. S'apercevant que les Huns ne faisaient aucun mouvement, et que tout était tranquille dans leurs retranchements, il ne douta plus de leur défaite. En parcourant la plaine, il entendit du bruit dans le camp ennemi : c'était le son vif de plusieurs instruments de guerre qu'Attila faisait jouer pour faire illusion ou à ses troupes ou à ses ennemis. Aétius, maître du champ de bataille, fit enlever les morts, et chercher avec soin le corps de Théodoric. Le nombre des morts était de cent soixante-dix mille hommes, dont cent vingt mille et plus de l'armée d'Attila ; on trouva enfin le corps du roi des Visigoths : on s'empressa de lui donner les honneurs de la sépulture avec tout l'appareil militaire. La tristesse de cet appareil était tempérée par la joie de la victoire. Il est probable que Théodoric fut enterré, comme tant d'autres chefs, aux bords de la Barbuise.

Thorismond, après avoir rendu les derniers devoirs à son père, brûlait du désir de venger sa mort. Aétius, dont la prudence réglait toutes les résolutions, lui remontra qu'il était difficile et dangereux d'attaquer Attila jusque dans son camp ; qu'un ennemi désespéré était à craindre ;

que ce prince pouvait trouver dans sa valeur et dans son génie des ressources pour rendre inutiles toutes les attaques; que son camp était bordé de chariots remplis de gens braves et habiles à tirer de l'arc; que si une fois on venait à être repoussés, les vainqueurs perdraient l'honneur et peut-être le fruit de la victoire.

Cet avis fut adopté. Thorismond lui-même, malgré la vivacité de son âge et le désir de se venger, l'approuva. On insulta donc le camp des ennemis, on leur coupa les vivres, on enleva les convois; cette petite guerre dura quelques jours.

Attila, confus de sa défaite et inquiet de sa situation présente, était au milieu de son camp, semblable à un lion furieux qui se voit enveloppé dans son fort. Il craignait qu'enfin ses ennemis ne vinssent l'attaquer, le forcer ou le surprendre; il fit faire au milieu de son camp un retranchement où il rassembla ses effets précieux, son trésor, les plus beaux harnais de ses chevaux, les riches dépouilles qu'il avait enlevées dans les Gaules; son dessein, en cas de malheur, était d'y faire mettre le feu et de s'y jeter lui-même plutôt que de tomber entre les mains des vainqueurs.

Il reconnut alors qu'il s'était avancé trop inconsidérément dans les Gaules ; que les désordres affreux qu'il y avait commis l'avaient fait regarder avec horreur ; qu'ébloui par les premiers succès, il avait négligé de se ménager l'avantage qu'il aurait trouvé dans une ville forte.

Enfin, ce prince si fier proposa à Aétius une somme de dix mille sols d'or, avec promesse d'évacuer les Gaules, de s'en retourner au delà du Rhin sans s'arrêter, et de ne laisser commettre à ses troupes aucun acte d'hostilité.

Aétius reçut ses propositions. Il considérait que, si les Visigoths restaient plus longtemps avec lui, ils pourraient exagérer leurs services et les mettre à trop haut prix. Il redoutait l'ambition du prince Thorismond, qui, ayant sous ses ordres une puissante armée, pouvait entreprendre quelque invasion sur les terres de l'Empire, d'autant plus facilement, qu'Aétius n'avait dans son armée que des troupes la plupart auxiliaires, composées de différentes nations, qui eussent pu se retirer quand elles l'auraient jugé à propos. Il ne devait que médiocrement compter sur Sangiban, roi des Alains, quoiqu'il fût à la solde de l'empereur. C'était un prince inconstant et intéressé, qui pouvait ou se joindre à Thorismond, s'il y trouvait son avantage, ou agir de son chef contre l'Empire.

Ces considérations déterminèrent le général romain à traiter avec Attila; il renvoyait un ennemi formidable; il se défaisait d'une grosse armée alliée; il procurait la paix. On croit qu'il la souhaitait, par un désir secret de parvenir à l'empire; le soupçon qu'en eut par la suite la cour de Ravenne lui coûta la vie. Il avait une foule de prétextes honnêtes pour congédier Thorismond : il lui fit entendre qu'il était de son intérêt de retourner promptement à Toulouse pour s'y faire reconnaître; qu'à la nouvelle de la mort de Théodoric on pourrait ajouter que lui-même aurait été tué; qu'il était difficile de faire descendre du trône celui de ses frères qui s'en serait emparé; qu'il était plus sûr et plus prudent de se hâter. Thorismond remercia Aétius de ce bon conseil, lui marqua sa reconnaissance, prit ses mesures pour rassembler son armée, et retourner dans ses États. Leur séparation ne se fit sans doute qu'après qu'Attila eut décampé.

Alors, c'est-à-dire vers le 20 du mois de septembre, dix jours environ après la bataille, Attila, sous la foi du traité qu'il venait de conclure, décampa. Il alla à Troyes, où il voulait réclamer l'appui et la sauvegarde de saint Loup. Il venait alors avec des sentiments pacifiques, sans toutefois quitter cette hauteur qui lui était naturelle. Saint Loup sentit qu'il avait encore tout à craindre d'une armée composée de gens féroces et accoutumés au pillage. Sa ville, peu considérable, n'avait pour défenses que les murs construits à la hâte deux siècles auparavant. Le prélat négocia avec Attila pour le passage de son armée par Troyes.

Dans l'exécution des conventions, Attila signala les qualités que lui donne Jornandès, d'être fidèle à sa parole et de se laisser fléchir aux prières.

Une des conditions du traité fut que l'évêque accompagnerait et protégerait le roi des Huns jusqu'au Rhin; et saint Loup l'accompagna.

Dans cette marche, Aétius fit suivre Attila

par des troupes qui devaient toujours camper à sa vue; il avait ordonné aux chefs de faire allumer tous les soirs une grande quantité de feux, pour faire illusion à l'ennemi sur le nombre des troupes qui le côtoyaient.

Attila arriva enfin sur les bords du Rhin, Après avoir traversé ce fleuve, il renvoya saint Loup, se recommanda à ses prières, et le combla d'honneurs. L'année suivante, il fit une irruption en Italie. De retour en Pannonie, au milieu d'une partie de débauche, il mourut d'une hémorrhagie; il avait couvert l'Europe de sang; il expira baigné dans le sien.

SUR LE ROI SAMON

Un savant et laborieux ecclésiastique du diocèse de Sens a publié, sous le titre de *Samon le frank, fondateur de Cracovie,* une curieuse dissertation, dans laquelle, après avoir réclamé Samon comme sénonais, ce qui est très possible et que nous ne pouvons discuter ici, il établit, par des raisons qui nous semblent fondées et qui s'appuient d'ailleurs sur l'autorité importante de Guérin du Rocher, que Samon fonda Cracovie.

Il démontre que Cracus et Samon sont le

même personnage. En donnant Cracus pour le premier roi des Polonais, on oublie que les Polonais ne portaient pas alors ce nom, mais celui de Slaves-Vinides. Ils faisaient partie en effet de la grande famille des Slaves, et c'est de leur vie de chasseurs qu'ils ont reçu le nom qu'ils portent. *Poln*, dans l'ancienne langue slave, veut dire chasseur. Or, Cracus et Samon sont exactement contemporains. On lit dans nos historiens, à commencer par Frédégaire, les guerres obstinées que Samon fit au roi Dagobert; les historiens de Pologne attribuent ces mêmes guerres à Cracus.

Mais comment Samon changea-t-il son nom en celui de Cracus? Ce n'est pas lui qui le fit, mais la nation qu'il venait de délivrer des Huns, les Russes du septième siècle. Ils le proclamèrent roi sous le nom de sa nation, car les masses l'appelaient le Frank. Mais l'alphabet des Slaves, comme celui des Grecs et de plusieurs autres peuples anciens, ne possédait pas la lettre F. Ils furent obligés de la remplacer par une lettre du même organe. Nous avons vu récemment des exemples pareils aux Iles-Marquises. Ils l'appelèrent donc Hrak, Grak ou Krak, que le premier historien de Pologne, venu longtemps après, traduisit en *Cracus*, dans son récit latin. Il est certain qu'il fonda Cracovie, sa capitale; et Cracow ou Krakow signifie, en slave, ville, cour ou séjour du Franc; — *off, ow, hof,* répondant tout à fait au mot *polis* des Grecs.

CHRONOLOGIE FABULEUSE DES ROIS FRANCS

AVANT PRARAMOND

Que sais-je?
MONTAIGNE.

N publie tous les jours des livres sur notre histoire; on retourne et on compile de toutes les façons notre chronologie ; cependant, nous ne connaissons guère avec sécurité que les dates qui se rapprochent de nous. Depuis un siècle, on a pris l'habitude de passer à peu près sous silence les premiers temps de notre origine ; et à peine daigne-t-on citer, comme l'a dit un jeune écrivain, l'inévitable Pharamond, qui pourtant régna à Diest Le président Hénault ne commence qu'à Clovis; Millot procède pareillement; ceux d'aujourd'hui débuteraient volontiers par Charles-Martel, sous prétexte que les époques antérieures sont obscures, que les découvertes des Bollandistes ont éclairci peu de choses, et que les anciens chroniqueurs ont été crédules.

Mais, si notre vieille histoire est appuyée quelquefois sur des fables, ne devons-nous pas néanmoins leur conserver un certain intérêt? Les Grecs, les Romains, les Chinois, toutes les nations ont pris goût aux contes populaires de leurs premières annales. Nous seuls sommes restés ignorants de ce qui touche à nos temps héroïques. Nous voulons indiquer ici cette lacune, pour les lecteurs qui n'aiment pas les recherches.

Ce n'est ni un roman ni une innovation que nous vous présentons. Nous ne ferons qu'extraire d'anciens livres qu'on ne lit plus ; c'est de l'histoire, comme on l'entendait il y a deux siècles. Nous ressusciterons un moment des historiens tombés dans un oubli auquel ils ne s'attendaient certainement pas. Si leurs livres sont devenus fastidieux, n'oublions pas qu'ils travaillaient dans un but national. D'ailleurs ils avaient une extrême bonne foi. Dans la dédicace d'une histoire des rois français, abrégée de Jacques de Charron, seigneur de Mouceaulx, et publiée en 1630, l'éditeur Thomas Blaise dit à Louis XIII :

« Ce doit être un parfait contentement à vos peu-
» ples de se voir sous l'empire d'un monarque dont
» la race est connue sans interruption, depuis le pre-
» mier homme. J'ai mis en marge, Sire, ajoute-t-il
» les auteurs confirmatifs de cette vérité, pour faire
» paraître aux ignorants et médisants que cette généa-

» logie n'a point été fabriquée à plaisir comme beau-
» coup d'autres... »

On trouvera ici des étymologies singulières. Nous ne les garantissons pas. Notre tâche est de relater et non de discuter. Nous ajouterons seulement qu'à la chronologie des rois anciens Thomas Blaise a joint leurs portraits, même de ceux qui ont régné avant le déluge.

I

ROIS ANTÉ-DILUVIENS

1. Adam, — premier roi de France et d'autres lieux. Il fut fait de terre rousse prise, disent nos vieux chroniqueurs, dans les environs d'Ébron, à une journée de Jérusalem ; il vécut neuf cent trente ans, roi des Gaules et du reste de la terre. On verra que nos princes descendent tous de lui en droite ligne, et le lecteur aussi.

2. Seth, — deuxième roi. Il naquit trente ans après la création du monde, inventa l'astronomie, bâtit en Asie une grande ville et ne visita point ses États des Gaules. Il mourut à neuf cent douze ans. On le représente avec une sphère.

3. Énos. — Fils aîné de Seth. Énos, troisième roi

de France, habita les bords de l'Euphrate. Il vécut neuf cent cinq ans. On le peint avec une raquette. Aussi dit-on qu'il inventa quelques arts mécaniques.

On lui attribue l'alphabet hébreu ; — de sorte qu'il faudrait lui restituer les deux fameux vers que Lucain appliquait à Cadmus, et que Bréboeuf a traduits comme vous savez :

> C'est de lui que nous vient cet art ingénieux
> De peindre la parole et de parler aux yeux,
> Et par les traits divers de figures tracées
> Donner de la couleur et du corps aux pensées.

4. Caïnan. — Successeur d'Énos, par droit d'aînesse, Caïnan fut simple en ses mœurs. On le représente avec une houlette et une robe de chambre fourrée. Il vécut neuf cent dix ans.

5. Malaléel. — Il est armé d'un arc et d'une flèche, sans avoir été guerrier ni chasseur. Car il ne vivait, dit-on, que de châtaignes.

Les géants étaient ses contemporains.

Ce fils aîné de Caïnan vécut huit cent quatre-vingt-quinze ans.

6. Jared, — fils aîné de Malaléel. Jared vécut neuf cent soixante-deux ans. Il est peint avec un air vénérable et la canne à la main ; il fut grand-pontife aussi bien que roi.

On ne pense pas qu'il ait tenu cour plénière chez nous.

7. Énoch. — Le successeur de Jared ne tiendra ici que la place de son nom.

8. Mathusalem. — Fils d'Énoch, il vécut neuf cent soixante-neuf ans. Aucun de ces princes n'a vécu mille années.

On commença sous lui à bâtir des maisons régulières ; on forgea le fer ; on fit des instruments de musique, de la toile, et des images sculptées.

9. Lameth. — Neuvième roi, toujours fils aîné du précédent. Il vécut sept cent soixante-dix ans. Après lui, nous passons au déluge.

II

ROIS POST-DILUVIENS, JUSQU'A PARIS

10. Noé. — Il se sauva seul dans l'arche, avec sa femme, ses trois fils et ses trois brus. Il paraît, d'après David Chambre, Pierre de Rivière, Mayerne-Turquet, le sieur de Mouceaulx et Thomas Blaise, que Noé est le premier roi des Français qui soit venu dans les Gaules.

11. Japhet. — C'est le premier de nos princes à qui les peintres aient mis le sceptre en main. Il était fils de Noé. Jusqu'à lui, le roi des Francs avait étendu son empire sur le reste du globe ; les autres

princes n'étaient que ses vassaux. Noé donna l'Europe à Japhet, l'Asie à Sem, et à Cham l'Afrique.

Les enfants de Noé peuplèrent prodigieusement la terre; cent ans après la sortie de l'arche, la tour de Babel s'élevait, quand vint la confusion des langues.

12. GOMER. — NOÉ, qui avait planté la vigne, couronna de pampres Gomer, son petit-fils, lui donna pour armoiries un vaisseau, et l'envoya par mer chercher fortune.

Noé avait été surnommé Gallus, ce qui voulait dire, en ce temps-là, vainqueur des eaux, à cause du déluge. Gomer, qui s'embarqua, eut le même nom, et ceux qui l'acompagnaient furent appelés Galli ou Gaulois. Ils débarquèrent, vers l'an 2200 avant la naissance de Notre-Seigneur, dans le port d'Ostende, s'établirent dans le pays que, de leur nom, on a appelé les Gaules, y fondèrent Courtray, Chartres, Noyon, Bourges, Périgueux, et envoyèrent des colonies au delà des Alpes.

13. SAMOTHÈS. — Surnommé Dis, qui signifie riche et suffisant en toutes choses; il était fils ou frère de Gomer; c'est le premier roi des Gaulois qui ait résidé sans interruption; et on croit qu'il régna cent quatre-vingts ans, car les hommes jouissaient encore de longue vie. On le représente à moitié nu, avec une bonne face, une couronne radiale, une main de justice. Ses États s'étendaient de l'Océan aux Alpes et du Rhin

aux Pyrénées. Il fonda Sens, Autun, Bayeux, donna des lois et cultiva les lettres. Des savants assurent que Samothès inventa la rime. Son nom demeura en si grande révérence, que les prêtres et philosophes gaulois prirent le titre de Samothéens, selon la remarque de François Lepetit, jusqu'au moment, que l'on verra bientôt, où ils s'appelèrent Druides.

Samothès avait pour l'œuf de serpent une profonde vénération, qu'il inspira aux prêtres d'Autun. Les Druides de cette ville prétendirent dans la suite que les œufs de serpent, qu'ils vendaient aux capitaines et seigneurs, avaient une puissance capable de balancer et de dompter même celle des plus malins démons

14. MAGUS OU MAGION, — fils de Samothès, régna cinquante ans. Il bâtit Mayence, Worms, Rouen et plusieurs autres villes dont le nom se termine en magus, comme Rothomagus. Car il prenait un singulier plaisir à bâtir. Il paraît constant qu'il fut aussi roi des royaumes-unis de la Grande-Bretagne ; et ce qui rend le fait très possible, c'est qu'autrefois, pourvu qu'on accorde à Nicolas Bertrand et à Jean Lebon la confiance qu'ils méritent, l'Angleterre et les Gaules, tout ainsi que l'Italie et la Sicile, n'étaient pas séparées par la mer, « comme elles ont été depuis par grandes tourmentes et impétueuses forces de l'eau.»

15. SARRON, — fils de Magus, grand justicier, vaillant homme, toujours armé d'une javeline, bâtit An-

gers, le Mans et quelques bourgs, fonda des universités, et donna son nom à la secte des philosophes sarronides, qui n'étaient guère que des magiciens. Il alla visiter, en Arménie, le lieu où Noé était descendu de l'Arche; et, au retour de ce pèlerinage, il se noya près de Corinthe, dans le golfe qui a retenu son nom : *Sinus Sarronius.*

16. Drivus ou Drijus. — Du moment où Sarron fut noyé, Drivus son fils, où selon d'autres son petit-fils, régent du royaume en son absence, se trouva roi par sa naissance. Il commença de régner 1895 ans avant Jésus-Christ. Il bâtit la ville de Dreux, ne régna que vingt-deux ans, et laissa une haute réputation de sagesse. Les philosophes samothéens et sarronides voulurent en son honneur être appelés druides, nom qui leur est resté.

17. Barde Ier. — Bardus ou Barde, fils de Drivus ou Drijc, succéda à son père et régna cinquante ans en paix. Il inventa la rhétorique, enseigna la poésie à ses sujets, et se fit peindre avec une harpe. Les poètes gaulois ont pris son nom et l'ont rendu célèbre.

18. Longho ou Lango. — Fils de Bardus Ier, il monta sur le trône vers l'an 1818 avant Jésus-Christ, et régna vingt-sept ans. On le représente armé d'un gourdin, car il fut grand observateur de justice. Il fonda Namur et Langres. Les Gaulois étaient en son temps fort in-

génieux. Ils inventèrent les bluteaux et tamis, les chariots et camions, ainsi que les vilbrequins. Il y eut des teinturiers ; on fit des matelas, et c'est même à ce règne que remontent les premières fabriques de coutellerie.

19. Barde II. — Il succéda à Longho, 1791 ans avant notre Sauveur. Une colonie de Gaulois s'établit sous son règne en Lombardie ; ils se nommèrent des noms réunis de Longo et de Barde, *Longobardi*. Barde lesecond était contemporain de Jacob.

20. Lucus ou Luce. — Fils du précédent, il lui succéda, l'an 1754 avant la naissance de Jésus. Il ne régna que onze ans. C'était un plaisant roi et grand chasseur. Un jour, qu'il s'était arrêté à l'endroit où est maintenant la rue de la Huchette à Paris, il aperçut l'île de la Cité. Cette île lui plut ; il s'y fit bâtir une cabane, qu'on appela de son nom Lucotie, comme qui dirait repos de Lucus. Ce pays prit faveur et s'agrandit. Ptolomée en appelle les habitants Lucéens ou Lucenses. Par la suite ce devint un bourg marécageux qu'on appela Lutetia et plus tard Lutetia Parisiorum, le Marais des Parisiens. C'est aujourd'hui Paris, où les habitants de Lutèce auraient bien de la peine à se retrouver.

Lucus bâtit aussi Leuze, près de Tournay.

21. Celtès-Jupiter, — ou Jupiter-Celtès, car il n'importe guère, comme dit Scarron, que Celtès soit devant ou bien qu'il soit derrière.

Jupiter-Celtès donc était fils du roi Luce. Il monta sur le trône 1743 ans avant la venue du Messie, et régna vingt et un ans, si accompli en toutes choses, qu'une partie de ses sujets prirent de lui lui le nom de Celtes. Il fut grand guerrier. On le représente l'épée à la main et le front ceint de lauriers. Il fit des conquêtes en Scythie. Ceux de ses sujets qui s'y colonisèrent prirent le nom de Celto-Scythes, comme d'autres s'appelèrent Celtibères, après qu'ils se furent fixés en Espagne ou Ibérie.

> Profugique a gente vetusta
> Gallorum Celtæ miscentes nomen Iberis,

Selon Lucain. Il parait que Celtès mourut sans enfants.

22. Hercule, — surnommé *Ogmius*, à cause de sa grande taille, était, du sentiment le plus généralement suivi, neveu du précédent roi, et fils de Salonius, frère de Celtès. Il est vrai que ce point est un peu contesté. Mais la généalogie royale n'en souffre point; car, si on adopte l'avis des savants, qui soutiennent que le roi Hercule était fils de Jupiter, roi de Crète, voici quels furent ses aïeux : Jupiter, roi de Crète, était fils de Bélus II, surnommé Saturne, qui fut fils d'Arrius; qui fut fils de Ninias, qui fut fils de Ninus, qui fut fils de Bélus I; qui fut fils d'Assur, premier roi des Assyriens; lequel était fils de Sem, fils de Noé.

On peint, comme de juste, Hercule-Ogmius avec

un arc et une massue, car il fit des prouesses admirables. Il épousa Galatée, appelée encore Celtine, fille de Celtès-Jupiter, monta sur le trône avec elle 1722 ans avant la nativité de Notre-Seigneur, régna trente-quatre ans, et s'en alla mourir en Espagne, laissant le royaume des Gaules à Galatas son fils.

23. Galatas I, — surnommé l'Ancien, fils d'Hercule et de Galatée, régna quarante et un ans avec gloire et vigueur. Il fit des conquêtes en Grèce, fonda Gallipoli ; et c'est depuis lui que les Grecs ont appelé les Gaulois Galates, à cause d'icelui leur roi. Il mourut en l'an 1647 avant la Rédemption.

24. Narbon. — Fils aîné de Galatas, et, comme Longho, armé d'un bâton d'épines, avec une couronne radiale, Narbon régna vingt-deux ans. Il fit son séjour de préférence dans cette partie de la Gaule qui depuis lui s'est appelée Narbonnaise. Il aimait beaucoup le miel. Il faut dire aussi qu'il bâtit la ville de Narbonne, dont plusieurs savants ont à tort attribué la fondation à un Romain nommé Quintus Marcius Narbon, lequel n'imposa jamais son nom à Narbonne, mais au contraire reçut d'un long séjour qu'il fit en cette ville le nom qui a causé l'erreur. De même nous appelons Chrestien de Troyes un poète qui certainement n'a pas bâti la capitale de la Champagne.

25. Lugdon, — ou Lugdus, fils aîné de Narbon,

monta sur le trône l'an 1625 avant Notre-Seigneur, et gouverna quarante-cinq ans. Comme son père, il affectionna une partie de ses États; c'est celle qu'on a depuis nommée la Gaule Lyonnaise. Il fonda Lyon, dite en latin Lugdunum, du nom de ce monarque. Cette ville fut réparée sous la domination romaine et agrandie par Munatius Plancus, qui se garda bien de lui ôter son nom royal. Lugdon est aussi le fondateur de Leyde.

26. Belgus, — Belgius ou Belge, vingt-sixième roi, fils de Lugdon. Il régna trente-quatre ans. Il fonda la ville de Belges appelée depuis Bavay, et donna son nom à la Gaule-Belgique, où il habitait de préférence. Il portait, comme les Belges ont toujours fait depuis, un lion dans ses étendards, parce qu'on lui avait amené d'Espagne un de ces animaux apprivoisés, qui lui servait de garde.

27. Jasius-Janigena. — Ce Jasius, vingt-septième roi des Français, est une espèce d'usurpateur, dont on ne sait trop comment découvrir la famille. Mais il descendait à coup sûr de Noé. Après la mort de Belgus, qui ne laissait pas d'enfants, il y eut de grandes guerres entre les princes gaulois pour la succession du royaume. Pendant que ces petits rois se battaient, Jasius, arrivant d'Italie, se jeta à la traverse, avec des recrues de Toscans, de Piémontais, et d'Espagnols, mit tout le monde à la raison, et se fit proclamer roi des

Gaules et d'Italie. Il régnait depuis trente-trois ans, sans avoir rien fait, à ce qu'il paraît, que se maintenir au pouvoir, lorsque, étant passé en Toscane, pour châtier son frère Dardanus, qui lui tenait lieu de vice-roi, et qui se gouvernait mal, il fut assassiné en trahison par ledit seigneur son frère.

28. ALLOBROX. — Le pays rentra sous ses princes légitimes. Allobrox, fils de Cavarin, fils de Séguse, l'un des enfants du roi Narbon, sortit de la retraite où les druides le tenaient caché, et monta sur le trône, dès qu'on eut appris la mort de Jasius, l'an 1513 avant l'ère chrétienne. On remarque qu'il vécut plus de cent ans. Il en régna soixante-huit en grande paix, bâtit la ville d'Embrun, embellit la Savoie et le Piémont, et fonda beaucoup de cités en Provence, en Flandre et en Dauphiné. Les Savoyards, chez qui il avait été élevé en secret, s'appelèrent de son nom Allobroges, étymologie qui, à tout prendre, vaut bien celle de ces savants antiquaires, qui prétendent qu'Allobroges n'est qu'une abréviation agréable des mots *à longues braies* à cause des longues chausses, braies ou culottes que les Savoyards ont toujours portées pour se garantir du froid, et que nous appelons aujourd'hui pantalons à la cosaque.

29. RHOMUS, — ou Romans, fils d'Allobrox, bâtit les villes de Romans et de Valence en Dauphiné. Il agrandit Rouen, qui, suivant quelques-uns, n'avait porté jus-

qu'alors que le nom du roi Magus son fondateur, et s'appela depuis ce règne Rothomagus, de la confusion des deux noms.

On ajoute qu'il envoya dans le Nord une colonie de Gaulois, qui s'établit dans les contrées septentrionales de l'Europe, et revint en Neustrie sous Charlemagne. Ce sont les Nord-Romans ou Normands, qui avaient sans doute oublié, quand ils reparurent en Neustrie, qu'ils étaient originaires des Gaules. Rhomus régna quarante ans.

III

DE PARIS A SICAMBER

30. Paris, — son fils, lui succéda, l'an 1405 avant Jésus-Christ. Il augmenta considérablement la ville de Lutèce, qui depuis porta le nom de Paris. C'est tout ce qu'on sait de ce monarque. Paris, en ce temps-là, n'avait qu'un pont fait d'un gros arbre renversé, à l'endroit où est aujourd'hui le pont Saint-Michel.

31. Léman. — Pâris avait régné trente-trois ans. Léman, son fils, en régna soixante-deux. En visitant son royaume, il donna son nom au lac qui se trouve entre Lauzanne et Genève, qu'on appelle aussi le lac de Genève, et que les romantiques appellent avec esprit l'Océan sur la montagne.

Les Gaulois Helvétiques, se trouvant trop nombreux dans leur pays, allèrent s'établir le long du Rhin, et prirent le nom d'*A-Lemans,* depuis Allemands, comme qui dirait gens venant du lac Léman : *a Lemanno lacu.*

C'est prouvé par ces vers du poète Gontier :

Qua sibi vicinas Alemania suspicit Alpes,
Nomen ab Alpino ducens, ut fama, Lemanno.

On représente le roi Léman avec une grande hache d'armes. Il était si brave, que quelques chroniqueurs lui donnent le nom d'Hercule.

32. Olbi. — Fils de Léman, Olbi prit le sceptre et l'épée, l'an 1316 avant notre ère. Il porta la guerre jusqu'en Asie, et fonda plusieurs villes qu'il appela de son nom. — Bibracte son frère, régent des Gaules en son absence, bâtit Toulouse vers ce temps-là.

33. Galatas II, — surnommé le Jeune, commença de régner 1278 ans avant Jésus-Christ. Il partit avec une grande armée, subjugua les Tartares, Slaves, Hongrois, Prussiens, Russiens, et autres barbares qui lui refusaient l'obéissance. Il bâtit Galata, aujourd'hui Péra, près de Constantinople. Les Gaulois, ses sujets, portèrent chez les Grecs la théologie, la philosophie et la rhétorique. Il régna vingt-cinq ans.

Namnès, — ou Nannès, fils de Galatas, occupa quarante-cinq ans le trône des Gaules. Il bâtit Nantes en Bretagne, et fonda, dans l'île d'Ouessant, un collége de druidesses qui prédisaient l'avenir.

On vit aussi s'élever, en ce temps-là, dans l'île de Sena ou Sein, près de la côte de Quimper, d'autres druidesses qui avaient le pouvoir de retenir les vents et d'exciter les tempêtes.

35. Rhémus. — Ce fut en l'an 1208 avant la venue du Messie que Rhémus, fils de Namnès, monta sur le trône, où il siégea trente-neuf ans. Il fonda la ville de Reims.

On parlait beaucoup, en son temps, de la guerre de Troie. Il envoya au roi Priam un secours de quelques escadrons, commandés par Hictar ou Hagtor, que des savants interprètent porte-hache. Le sieur de Mouceaulx prétend, à la vérité, que le nom de Hagtor signifie hache-torse, parce que le manche de sa hache d'armes était tortu; mais le gros des érudits préfère la première explication, comme plus savante. Or, en arrivant à Troie, Hictar ou Hagtor trouva la ville ruinée, se remit en mer, et débarqua aux Palus-Méotides, où il vécut en bonne intelligence avec quelques Troyens qui s'y étaient réfugiés; si bien qu'il y mourut, laissant un fils, nommé Francus ou Francion, lequel n'était pas Troyen, comme l'a dit Ronsard, mais bien du bon sang gaulois. Ce Francus revint en Gaules, épousa la fille unique du roi Rhémus, et succéda à icelui.

36. Francus I. — Il ne faut pas croire pour cela

que le sceptre fût tombé en quenouille, ni que la généalogie des rois français soit interrompue. Le sentiment le plus général et le plus probable est que Francus ou Francion était fils d'Hagtor, qui fut fils de Boïus, qui fut fils de Bribracte, qui fut fils du roi Léman.

Mais, si on lui préfère la version de ceux qui prétendent que Francus était fils d'Hector, nous dirons qu'Hector était fils de Priam, roi de Troie, lequel, par diverses générations avérées, descendait du vaillant Hercules-Ogmius, notre vingt-deuxième roi, et que les Troyens ne furent, dans l'origine, qu'une émigration de Gaulois, qui se retrouvent partout.

Francus épousa donc Rhème, fille unique du roi Rhémus, et bâtit la ville de Troyes en Champagne, qu'il fortifia de trois châteaux, lesquels furent autant cause de son nom que le souvenir de la ville de Priam.

Il eut à guerroyer contre divers princes qui s'étaient fortifiés dans les Gaules, sous le faible règne précédent. Oscus s'était emparé du Berry, Lemovix du Limousin, Gergester de l'Auvergne. Francus les défit et prit la ville de Limoges, que Lemovix avait bâtie.

C'est depuis Francus I que les Gaulois commencèrent à être appelés Francs.

Il porte pour armes trois diadèmes, parce qu'il régna en Asie, en Pannonie et en Gaules.

IV

DE SICAMBER A TONGRIS

Ici va commencer la dynastie des Sicambres, dont Sicamber fut le chef.

37. SICAMBER, — fils de Francus, ne régna que sur une petite partie des Gaules, savoir sur les Parisiens et les Champenois. C'est depuis ce monarque que nos aïeux ont aussi porté le nom de Sicambres. Malgré les victoires du roi précédent, il y avait sous ce règne plus de douze rois en Gaule. L'Italien Brutus, fils du roi des Albains, était même venu y chercher des conquêtes. Mais il fut obligé de passer en Angleterre et donna son nom au pays ; quoique, si l'on en croit Pierre de la Ramée, la Grande-Bretagne n'ait été appelée ainsi que parce qu'elle fut peuplée de Gaulois-Bretons.

Sicamber monta sur le trône vers l'an 1114 avant Jésus-Christ, et mourut après plus de soixante ans de règne. Il porte pour armoiries trois croissants d'argent sur champ d'azur.

38. PRIAM I. — C'est au souvenir de la guerre de Troie qu'on doit les noms qui vont suivre : Priam, fils de Sicamber, régna quatre-vingts ans, et ne gouverna,

comme son père, qu'une partie des Gaules, alors partagées entre plusieurs souverains. C'est sous ce règne que divers princes fondèrent Clermont en Auvergne Moulins en Bourbonnais, Thérouenne, Poitiers, Tours, et plusieurs autres villes. Xantus fonda Xaintes ou Saintes, et fut roi de Saintonge. Agen fut bâtie aussi par un petit roi nommé Agénidor.

39. Hector, — fils de Priam le Sicambre. Ce roi Hector a fait moins de bruit que l'autre, quoiqu'il ait régné quatre-vingt-dix ans. Il bâtit, dit-on, la ville de Vienne en Dauphiné, pendant que Bassiève, roi de Langres, imposait son autorité au Bassigny.

40. Troïus. — Du vivant de son père, Troïus, fils d'Hector le Sicambre, gouvernait l'Autriche et la Hongrie, où quelques provinces restaient soumises aux Gaulois, dominateurs naturels de l'Europe. A la mort de son père, il laissa à sa place Bassibilan, son fils, et s'en vint avec une armée ; il reprit la Belgique et reçut obéissance des Français du Nord, qui donnèrent à ses soldats le nom de Germains, comme qui dirait cousins issus d'un même germe. Mais d'aucuns, qui épluchent d'autres langues que le latin, disent que Germain, qui se prononce Ghermann en allemand, veut dire homme de guerre, car ce mot guerre nous est venu de l'allemand. D'autres entendent par le nom de Germains, que portaient diverses peuplades du Nord, *confédérés*. Troïus bâtit Bonn près de Cologne, et mourut

après cinquante années de règne, laissant le trône à Torgot, son fils.

41. Torgot. — Les Gaules étaient toujours divisées entre plusieurs petits rois, princes et magistrats. Torgot, Torgor ou Torchot ne gouverna que la Belgique et les Flandres. Mais il envoya des colonies chez les Scythes, aimant mieux utiliser ainsi ses sujets trop nombreux que les mener à la guerre; car il était très pacifique. Il ne régna pourtant que quarante-huit ans.

42. Tongris. — Tongris, fils du roi Torchot, régna soixante-cinq ans. Il reconquit une partie du domaine de ses ancêtres, laissa la Hongrie à Gethilanor, son cousin, fils de Bassibilan, bâtit la ville de Tongres, reprit la Champagne, vécut en bonne intelligence avec les Allemands, à qui il prodiguait le nom de Germains. Il mourut 719 ans avant la venue de Jésus-Christ.

V

DE TONGRIS A BAZAN

43. Theuton, — qu'on représente coiffé comme les Osages et armé d'une énorme épée, succéda à Tongris, son père. Il s'empara de la Gueldre, de la Hollande, et de diverses contrées de l'Allemagne, dont les habitants

furent appelés de son nom Theutons, ou Tudesques.

Theuton, après un règne de cinquante ans, mourut 665 ans avant notre salut.

44. Agrippa, — son fils, n'a rien fait de remarquable.

Les Gaules étaient toujours partagées. Le plus haut prince d'alors était Ambigat, qui résidait à Bourges et commandait à la plus grande partie de la France. Agrippa régna quarante-trois ans. Il n'avait autre chose à faire que se reposer.

45. Ambron. — Il régna soixante-quinze ans, et ne fit pas mieux qu'Agrippa son père. Cependant Ambigat envoyait ses enfants Bellovèse et Sigovèse en Italie, qu'ils peuplèrent de Gaulois, et où ils fondèrent Côme, Crémone, Vicence, Pavie, Gênes, Mantoue, Milan et Venise.

46. Thuringus. — Il régna encore soixante-quatorze ans, suivant les traces d'Ambron, son père, et de son aïeul Agrippa. Marseille se fonda sous son règne (si elle n'est pas plus ancienne). Mais ce n'est point par lui qu'elle fut bâtie. Il résidait de préférence dans une partie de l'Allemagne, qui fut depuis appelée Thuringe.

47. Cimber. — Encore la même fainéantise; et observez que nos rois reculaient toujours. Cimber, fils de Thuringus, se retira jusqu'au Danemark, où ses sujets

furent depuis appelés Cimbres, et mourut sans même laisser d'enfants, après trente-trois ans de règne, l'an 440 avant Jésus-Christ.

48. Marcomir, — que quelques-uns nomment aussi Mérodac, interrompt ici la ligne directe. Il n'était que parent de Cimber. On prétend qu'il venait de conduire une petite colonie de Gaulois en Galice, et qu'il s'emparait de la Lusitanie, appelée depuis Portugal, comme qui dirait port aux Gaulois, *portus Gallis*, lorsqu'il apprit la vacance du trône. Il accourut pour faire valoir ses droits.

Marcomir était fils d'Anténor, qui fut fils d'Hélénus, fils d'un prince Priam qui ne régna point, fils d'un autre Marcomir, fils de Dilugvin, fils de Plasserius, fils d'un autre Hélénus, fils d'un autre Dilugvin, fils d'Almadion, fils de Gethilanor, fils de Bassibilan, lequel était fils du roi Troïus.

Marcomir reprit la Gueldre, Clèves, Juliers, la Hollande, et fonda Bruxelles, pendant qu'en France on bâtissait Auxerre. Il gouverna glorieusement les Gaules-Belgiques pendant vingt-huit années. Il portait pour armes trois grenouilles ou crapauds, de sinople en champ d'argent, pour marquer la bonté de son territoire. Ce sont ces trois grenouilles qu'on a depuis accommodées en fleurs de lis.

49. Anténor. — Il monta sur le trône après la mort de Marcomir, son père, l'an 412 avant Jésus-Christ :

il épousa la belle Cambre, fille de Belinus, roi de la Grande-Bretagne, et se disposa à jouir en paix des États de son père. Mais ses voisins, enhardis par son humeur peu guerrière, le battirent de tous côtés et le réduisirent à un petit coin de la Hollande, où il régna trente ans.

Pendant qu'Anténor fainéantisait, Brennus, roi de Sens, passa en Italie avec trois cent mille Gaulois, fonda Trente, Bergame, Vérone, prit Rome, comme on sait, et illustra le nom de ses concitoyens. Les Romains ne rachetèrent leur ville qu'en comptant aux vainqueurs mille livres d'or. Des historiens, il est vrai, disent que Camille se ressaisit de cette rançon ; mais Justin, en son *Précis de l'histoire universelle*, et Suétone, dans la *Vie de Tibère*, avouent et conviennent que les Gaulois emportèrent ces mille livres d'or dans leur pays ; ce qui leur procura beaucoup de douceurs.

50. Priam II, — fils unique d'Anténor, ne régna non plus pendant vingt-six ans que sur la Hollande et les extrémités de la Belgique. Il bâtit Nimègue et Nieuport, tandis que son cousin Grun édifiait la ville de Groningue. C'est vers ce temps-là qu'on fortifia Clèves.

Cependant les Gaulois jetaient une si grande terreur en Italie, que le sénat romain, au décret qui exemptait les prêtres d'aller à la guerre, ajouta cette exception : pourvu que ce ne soit point guerre de Gaulois.

51. Hélénus. — Fils aîné de Priam, il lui succéda 356 ans avant l'arrivée du Messie. Quelques historiens, le prenant pour Hélénus, frère d'Hector le Troyen, à cause que l'un et l'autre furent fils d'un roi Priam, ont écrit que les rois des Français descendaient de la race troyenne. Mais cette erreur est détruite par la simple date des temps.

Hélénus n'était pas sans bravoure. Il battit les Tongrois et les Brabançons révoltés, tua de sa main le prince Guédon, fils du roi de Thérouenne, et agrandit un peu ses États. Il régna dix-neuf ans et laissa le trône à son fils Dioclès.

52. Dioclès. — Les vieilles chroniques font de ce prince un grand batailleur. S'il faut en croire des historiens tels que Chaumeau et François de Rivières, qui s'appuient d'un passage de Justin, Dioclès, à la tête des Sicambres, se serait mesuré contre Alexandre-le-Grand, de manière à en obtenir un traité glorieux. Il s'agrandit encore et régna trente-neuf ans.

53. — Hélénus II. — Le second Hélénus, fils aîné de Dioclès, ne s'adonna qu'à la débauche, sans se soucier des affaires. Les Gaulois, irrités de ses déportements, le chassèrent du trône, après qu'il l'eut occupé quatorze ans, et couronnèrent son frère Bazan à sa place.

54. Bazan. — Autant Hélénus avait des mœurs relâchées, autant celles de Bazan étaient sévères. On le

représente avec un code; parce qu'il donna des lois à son peuple et fut grand justicier.

On conte que, marchant en public, il faisait porter devant lui une épée et une corde, pour faire voir qu'il était toujours prêt à rendre la justice.

Ce despote, dont la rigueur alors était si nécessaire, montra aussi qu'il était brave. Il reconquit toute la Belgique, reprit la Flandre, et, après la mort du grand-prêtre Théocale, se fit élire souverain-pontife de ses sujets, qui l'adorèrent après sa mort.

Cependant des essaims de Gaulois s'emparaient de la Macédoine et détrônaient le roi Ptolémée-Céraune. D'autres, sous la conduite du second Brennus, ravageaient la Grèce, pillaient à Delphes le temple d'Apollon, et imposaient des tributs à plusieurs rois de l'Asie. D'autres Gaulois enfin établissaient en Thrace et en Illyrie des peuplades de colons appelés depuis Gallo-Grecs; et nos armes eussent envahi le monde, si les Gaulois avaient été unis comme les Romains.

Bazan mourut, après trente-six ans de règne, l'an 248 avant la Rédemption.

VI

DE BAZAN A RICHIMER

55. Clodomir Ier, — fils de Bazan, hérita de la bravoure de son père. — Il battit ses voisins, conserva

les conquêtes paternelles et régna dix-huit ans. Il portait le lion sur son bouclier. Nos pères, en ce temps-là, relevaient leurs cheveux sur le sommet de la tête et se peignaient la figure.

56. Nicanor, — fils aîné de Clodomir, monta sur le trône, l'an 230 avant notre ère, et régna trente-quatre ans. Belliqueux, mais étourdi, d'une part il vainquit les Goths, de l'autre il perdit une portion de ses États. Cependant Ménicate, Cuismare, Antaric, Congolitan, Britomare, et autres rois des Gaules, s'illustraient en Italie, où le Carthaginois Annibal était venu aussi chercher de la gloire et du butin.

57. Marcomir II, — fils de Nicanor, régna vingt-huit ans. Il reconquit ce que son père avait perdu et joignit à ses États la Westgallie ou Westphalie. C'était un roi savant. Par ses ordres, on écrivit en vers héroïques les hauts faits de nos ancêtres; il les faisait chanter à sa cour et dans les villes, pour exciter ses sujets à être braves.

58. Clovis ou Louis Ier. — Clovis, appelé aussi Clodius ou Louis, premier du nom, fils aîné de Marcomir, commença de régner vers l'an 168 avant la nativité de Notre-Seigneur. Il eut à soutenir des guerres continuelles contre ses voisins, toujours divisés, et fut tué en combattant, dans la onzième année de son règne. Son fils Anténor lui succéda.

59. ANTÉNOR II. — Fatigué des guerres de son père, il fit avec ses voisins une trève de dix ans, et mourut de maladie en l'an 141 avant Jésus-Christ.

Jusque-là les druides, dans leurs sacrifices, avaient le droit d'immoler des victimes humaines. Anténor-le-Second abolit dans ses États cette coutume sanglante, et c'est un titre de gloire qui en vaut un autre.

60. CLODOMIR II, — succéda à son père Anténor, et tint le sceptre vingt ans. Il eut des guerres à soutenir, étendit ses États jusqu'aux rives de la Meuse, et se fit redouter de ses voisins.

61. MÉRODAC, — fils de Clodomir II, régna vingt-huit ans. Il se tira très bien des guerres que lui suscitèrent ses voisins. Encouragé par les succès, il porta ses armes en Italie, vainquit les Romains près de Ravenne, et s'en revint chargé de dépouilles.

En ce temps-là, Theutomalius[1], roi des Francs-Saliens, fut vaincu par les Marseillais, colonie phénicienne, comme on sait, alors très florissante. Bictinus, roi d'Auvergne, qui combattait sur un chariot d'argent, fuyait devant les Romains, quand Mérodac, venu à son secours, leur fit reprendre le chemin de l'Italie. Ce brave roi mourut en l'an 93 avant Notre-Seigneur.

62. CASSANDRE. — Il soutint la haute réputation de son père Mérodac, maintint ses États, et battit les Romains et les Goths.

Le reste des provinces gauloises était en grand trouble. Divitiacus, roi de Soissons et d'Angleterre, tourmentait ses voisins. Les Parisiens, les Champenois, les Auvergnats et les Gaulois d'Autun s'accordaient si mal, qu'ils appelèrent Arioviste, roi d'Alsace et d'une partie de l'Allemagne, pour les mettre d'accord Mais il commença par s'emparer d'une bonne partie de la Gaule-Séquanaise, et accorda les Gaulois dissidents en les battant les uns après les autres.

Cassandre régna vingt et un ans.

63. Anthaire, — fils de Cassandre, régna trente-cinq ans. Il se maintenait en paix dans la Gaule-Belgique, lorsque les Gaulois-Éduens, nommés depuis Bourguignons, ayant appelé les Romains à leur secours contre Arioviste, Jules-César arriva. Il lui fallut dix ans de guerre et l'aide des Gaulois mêmes pour soumettre ces provinces. Il nous peint les Gaulois, nos ancêtres, comme des peuples belliqueux, toujours armés, et terminant leurs querelles par le combat; légers, mais sincères, hospitaliers, généreux, et faisant consister la justice dans le droit du plus brave, ou du plus fort. Il est resté quelque chose de ces mœurs. Un homme du peuple qui reçoit un démenti assène un coup de poing et dit : « Eh bien! ai-je raison à présent? » Il faut que l'assailli réponde par un coup de poing plus vigoureux, s'il ne veut pas perdre sa cause. Et souvent les rois, dans leurs débats,

cherchent-ils d'autres arguments que celui de la force?

On peut s'assurer, dans les Mémoires de Jules César, que Paris, renfermé alors dans l'île de la Cité, se défendit vaillamment.

Mais, enfin, le roi Anthaire ou Antharius, voyant que Galba, roi de Soissons, Comius, roi des Atrébates (Artois), Teutomat, roi de Montpellier, Tasgatius, roi de Chartres, Viridorix, roi du Perche, Abducillus, roi des Allobroges, Cavarin, roi de Sens, Ambiorix, roi de Liége, Vercingetorix, roi d'Auvergne, Arioviste lui-même, et plusieurs autres rois, princes et capitaines gaulois, s'étaient soumis aux Romains, ne voulant pas subir leur joug, et ne pouvant plus résister à leurs forces, abandonna la Gaule-Belgique, et se retira de l'autre côté du Rhin. C'est là dès lors que fut la France.

Quelque temps néanmoins après le départ de César, Anthaire voulut rentrer dans les Gaules et délivrer sa patrie. Il soutint avec une poignée d'hommes une longue bataille, contre les Gaulois mêmes unis aux Romains, et fut tué en combattant, 37 ans avant l'ère chrétienne.

64 Francus II — succéda, comme de juste, à son père Anthaire. Il renouvela l'alliance avec les Saxons et les Thuringiens. Aidé de leurs armées et de celles de plusieurs Francs-Gaulois, qui s'étaient réunis à lui

pour repousser la domination romaine, il reprit les parties septentrionales de la Gaule-Belgique. Il portait pour enseigne une fleur de lis d'or sur champ d'azur; ce fut le signe de ralliement des Français d'alors; car, comme dit François Connan, au troisième livre de ses *Commentaires du droit civil*, les Francs n'étaient pas à proprement parler une nation particulière, mais une réunion d'hommes de diverses provinces, qui se rallièrent en une masse imposante pour le maintien de leurs libertés et franchises. Francus mourut en l'an 9 avant la nativité de Notre-Seigneur. Plusieurs chroniqueurs en parlant de luï l'appellent le premier roi des Français.

65. Clodion Ier ou Clogion, — fils aîné de Francus, régna dans le nord de la Gaule-Belgique et en Allemagne sur les bords du Rhin, où il réunissait tous ceux des Gaulois qui tenaient au nom de Francs. Il voulut aussi repousser les Romains; mais Drusus le fit reculer jusque chez les Cattes. Clodion s'y établit, et fit couronner roi Frison, son second fils; ce qui fut cause que, depuis, ce pays s'est appelé la Frise. Il revint ensuite à la charge, força les Romains à lui laisser la jouissance paisible de la Hollande, et reprit quelques provinces de la Gaule-Belgique. Il mourut en l'an 20 de Notre-Seigneur.

66. Hérimer. — Les Gaulois, déjà las de la domination étrangère, essayaient de tous côtés à redevenir

Francs; mais partout les Romains étaient les maîtres. Hérimer, fils aîné et successeur de Clodion, leva aussi l'étendard, combattit les douze années qu'il régna, et mourut les armes à la main.

67. Marcomir III. — Comme Hérimer ne laissait pas d'enfants, Marcomir, son frère, lui succéda. Il combattit avec gloire dans les pays de Trèves, Mayence et Cologne, et mourut 50 ans après la naissance du Sauveur.

68. Clodomir III. — Marcomir avait laissé quatre fils, à savoir, Clodomir, qui régna sur quelques provinces de la Gaule-Belgique; Sicamber, qui gouverna avec son fils Melon la Gueldre et le pays de Clèves; Sygemir, qui commanda en Frise; et Véromir, qui tint le trône en Hollande.

Les Romains chassèrent les trois derniers princes. Mais Clodomir reconquit leurs États et agrandit le sien.

C'est vers ce temps-là que la foi fut apportée à Lyon, à Vienne en Dauphiné, à Valence, à Arles, à Narbonne, à Troyes, à Paris, et dans d'autres parties des Gaules.

69. Anténor III, — fils de Clodomir, monta sur le trône en l'an 62 de notre salut et ne régna que six ans. Il combattit les Romains, et se noya dans la Meuse.

70. RATHER, — fils aîné d'Anténor, gouverna vingt et un ans, toujours en guerre contre les Romains et presque toujours victorieux. Il fut aidé, à la vérité, par Julius Vindex, Brinnio, Civilis, Classicus et plusieurs autres princes gaulois qui voulaient redevenir Francs, et qui, vaincus enfin, se retirèrent avec Rather au-delà du Rhin.

VII

DE RICHIMER A PHARAMOND

71. RICHIMER Ier, — fils de Rather, fut proclamé grand-prêtre en même temps que roi. Il gouverna vingt-quatre ans, et envoya des colonies sur les bords de l'Elbe.

72. AUDEMAR OU AUDENAR, — fils aîné de Richimer, monta sur le trône en l'an 113 et régna quatorze ans. — C'était un prince doux, sage, paisible, qui vécut en bonne intelligence avec tout le monde. Il bâtit Audenarde, quelques autres villes et beaucoup de temples.

Il y avait alors en Bourgogne un certain roi Trophime-Étienne, converti, qui vivait si saintement, disent les chroniqueurs, que le Pape le surnomma Très-Chrétien, d'où est venue, ajoutent-ils, l'épithète donnée aux rois de France, depuis la réunion de la Bourgogne à la couronne des rois de Paris.

Audemar, en mourant, laissa le trône à son fils Marcomir.

73. MARCOMIR IV. — Celui-ci commença de régner en l'an du salut 127. Il secourut l'empereur Adrien dans ses guerres contre les Daces, qui furent contraints de demander la paix, émerveillés qu'ils étaient de voir les Francs et les Bataves, armés et à cheval, traverser le Danube à la nage sans rompre leurs rangs.

Marcomir avait épousé Attilde, fille de Marianus, roi d'Angleterre, de laquelle il eut sept fils : Clodomir, qui lui succéda ; Marcomir, qui fonda Marcbourg ; Clodion, mort en Grande-Bretagne ; Francus, duc d'une province sur la Meuse ; Mérodac, tué à la chasse par un sanglier ; Nicanor, qui régna à l'embouchure du Rhin ; et Odemar, qui fut grand-prêtre des Francs-Gaulois.

Marcomir mourut en l'année 148, — l'empire romain étant gouverné par Antonin-le-Pieux, Gaulois d'origine.

74. CLODOMIR IV. — Il régna sagement l'espace de dix-sept années. Tout ce qu'on sait de plus, c'est qu'il avait épousé Hastilde, princesse de Poméranie.

75. PHARABERT. — Pharabert, son fils, lui succéda en l'an 165 ; il régna vingt ans, — toujours en guerre contre les Romains, qu'il vainquit plusieurs fois. Il

sut se maintenir en ses États au milieu de mille obstacles ; et c'est de lui que vient la devise du roi des Pays-Bas : *Je maintiendrai.* Roric, l'aîné de ses fils, s'étant noyé, il laissa le trône au puiné, qui est Sunnon.

76. Sunnon. — Celui-ci régna vingt-huit ans. Il passa la Meuse, repoussa les Romains, et les chassa presque entièrement de la Gaule-Belgique. Il fut puissamment secondé par Godefroi, roi de Cologne, Véric, duc de Trèves, et Soric, duc des Germains, qui voulaient aussi s'affranchir, et qui y parvinrent comme lui, au moins pour un temps.

77. Childéric Ier, — fils aîné de Sunnon, monta sur le trône l'an de Jésus-Christ 213, et y régna trente-sept ans, toujours vainqueur des Romains. Il avait à sa cour un docte personnage nommé Hildegast, qui poliça ses sujets en leur enseignant plusieurs choses honnêtes et profitables. Comme il était un peu magicien ou astrologue, Hildegast prédit aussi que l'aigle romaine serait un jour terrassée par le lion des Francs. Si bien que le grand roi Childéric, laissant pour lors de côté ses enseignes ordinaires, qui étaient les trois crapauds de sinople ou le coq des Gaulois, fit faire des bannières qui représentaient un lion rampant, avec une queue de serpent, de laquelle il entortillait par le cou une aigle impériale, le tout sur champ d'or. Et, en effet, c'est avec ces bannières qu'il se maintint constamment victorieux des Romains.

78. Barther ou Bather — succéda paisiblement à son père Childéric et régna quelque temps sans guerre. Il alla ensuite la chercher jusqu'en Italie, où il pilla Ravenne, pendant que son fils aîné, Clovis, gouvernait en son absence, et que son second fils, Antharius, portant ses armes jusqu'en Espagne, détruisait Tarragone. Barther revint d'Italie avec une paix honorable. Il mourut dans la vingt et unième année de son règne.

79. Clovis ou Louis II — fit d'abord la guerre avec succès contre les Romains. Il fut ensuite battu près de Mayence par l'empereur Aurélien et obligé de se réfugier en Frise, où il mourut.

80. Valther, — son fils, lui succéda, en l'année 298. Il rassembla un corps de Francs, rentra dans les Gaules, et s'avança même jusqu'à Troyes en Champagne. Mais ayant été totalement vaincu par Constance, et voyant son armée dispersée, il en mourut de chagrin, après huit ans de règne.

81. Dagobert Ier. — Valther eut encore le malheur de laisser un fils qui ne put pas le venger. Dagobert régna onze ans, dans une espèce de retraite, où les troubles qui ravageaient les Gaules empêchèrent qu'on songeât à lui.

82. Clodion II, — fils aîné de Dagobert, monta sur le trône l'an 317. — Il ne régna qu'un an. Mais, dans ce court espace de temps, il reprit la Gueldre, le duché de

Clèves et la Hollande. Il fut tué l'an 318, en combattant vaillamment contre les Romains. Son frère Clodomir, qui était à ses côtés, craignant que sa mort ne fît perdre la bataille, revêtit promptement les armes du roi tué, et rallia les Français, qui, pensant être toujours commandés par Clodion, remportèrent la victoire

83. Clodomir V. — C'était l'usage des Francs d'inaugurer leur monarque en l'élevant sur leurs boucliers. Clodomir fut proclamé ainsi, tout fumant encore de la bataille qu'il venait de gagner. Il régna dix-neuf ans, étendit ses États jusqu'en Flandre, et envoya une colonie de trente mille hommes sur les bords du Mein, chargeant son frère Genebault de la gouverner sous la suzeraineté du roi franc. C'est ce qu'on a depuis appelé Franconie, comme qui dirait franche colonie ou colonie de Français.

Quelques historiens ont dit que les Francs tiraient leur nom de la Franconie. Mais le nom de Franconie ne se trouve pas avant cette époque, tandis que le nom des Francs remonte à des temps bien plus reculés.

84. Richimer II. — On le représente coiffé d'un bonnet pointu, et armé d'une massue. Il était fils de Clodomir. Aidé de son oncle Genebault, duc de Franconie, il fit la guerre aux Romains et agrandit ses États en Belgique. Il régna treize ans, presque toujours les armes à la main; il fut tué dans une bataille l'an 350.

85. **Théodomir**, — fils de Richimer, faisait sa irésdence au château de Diest, et, par d'habiles excursions, molestait les Romains, qui finirent par le prendre avec sa famille. Théodomir et la reine Hastilde, sa mère, eurent la tête tranchée. Son fils Clodion fut emmené à Rome avec Genebault, Arbogast, Sunnon, Marcomir, Priam, Anténor et plusieurs autres princes francs, *quorum multitudo*, dit Ammien Marcellin, *ea tempestate in palatio florebat*. Mais on tenta vainement d'éteindre en eux les idées de liberté et de franchise. Clodion s'échappa et vint ressaisir le sceptre de son père.

86. **Clodion III** — régna dix-huit ans, toujours dominé par la pensée de venger son père. Il reconquit les États de ses ancêtres, s'empara même de Cambrai, ravagea tout ce que possédait l'ennemi, brûlant les villes et tuant tout Romain sans miséricorde. Alors Julien, depuis empereur, vint dans les Gaules; Clodion fut repoussé jusqu'en Franconie. Mais, peu après, il obtint un traité de paix, et fut remis en possession de son royaume. Il mourut l'an du salut 378 et eut pour successeur son fils aîné Marcomir.

87. **Marcomir V.** — Les Romains l'ayant sommé de leur payer tribut, il leur fit réponse que, ses prédécesseurs n'en ayant encore jamais payé, il ne s'écarterait point de leur coutume : si bien qu'on lui déclara la guerre. Une grande bataille se livra près de Cologne; Marcomir en sortit vainqueur. Valentinien prit sa re-

vanche; il repoussa les Francs au-delà du Rhin. Marcomir revint avec une armée, qui, sous la conduite des ducs Priam, Ge nebault, Sunnon et Anténor, fit reculer les Romains à leur tour et reprit à peu près toute la Gaule-Belgique. Mais, pendant ce temps-là, l'empereur Valentinien, ayant passé le Rhin sans bruit, surprit Marcomir en Franconie, le vainquit, le tua, et imposa aux Franconiens un tribut : de quoi ils furent si amèrement blâmés par les autres Francs, qu'ils ne le payèrent pas.

Marcomir avait régné quinze ans. Son frère Dagobert lui succéda en l'an 393.

88. Dagobert II. — A son avénement au trône, l'empereur Valentinien lui envoya demander le tribut consenti par les Franconiens. Il répondit que les Francs, loin de payer des tributs, avaient coutume d'en imposer, comme ils feraient à lui-même, s'il n'abandonnait pas ses prétentions. Valentinien dit que c'était là de la férocité et non pas de la franchise; il envoya un autre ambassadeur, nommé Sisiamius, que les Francs du Nord tuèrent avec sa suite; après quoi ils se dépêchèrent de prendre les armes, ravagèrent la Gaule-Belgique et forcèrent les Romains à leur demander la paix. Dagobert ne régna que cinq ans.

89. Genebault, — son fils, lui succéda. Son règne fut plein de troubles. Les Gaules, dominées par les Romains, étaient encore dévastées par les Vandales. Il

profita de cette confusion pour reprendre plusieurs villes de la Gaule-Belgique, et mourut l'an 410 de l'ère moderne.

90. Marcomir VI, — son frère, régna dix ans après lui, et mourut également sans laisser d'enfants, ce qui amena quelques troubles. De tous côtés on était las des Romains. Plusieurs Gaulois voulaient une république : mais comment unir tant de peuples de mœurs différentes ? Les plus sages et les plus nombreux penchèrent, dans une assemblée générale, pour le maintien de la royauté. Tous les vœux se portaient sur Pharamond (descendant du soixante-huitième roi, Clodomir III), alors duc de Franconie, renommé pour son habileté et sa bravoure. Les Francs passèrent le Rhin ; et, en mettant le pied dans les Gaules, ils proclamèrent Pharamond roi des Français. Les Bourguignons, ou plutôt Bourgognons, comme dit Fauchet, ainsi nommés à cause que leur première ville ou bourg était située sur la rivière d'Ogne, secondèrent Pharamond ; toutes les Gaules se soulevèrent, et on chassa les Romains.

A Pharamond, quatre-vingt-onzième roi, succéda Clodion, son fils ; à Clodion, Mérovée, que les chroniqueurs font fils de Clodion. Mérovée laissa le trône à son fils Childéric, père du grand Clovis.

Les fabricants de cette généalogie ne l'interrompent pas depuis Adam jusqu'à Louis XIV ; et, au temps même de Louis XIII, on voit des historiens, considérés alors, aujourd'hui peu connus, admettre sans hésiter la chronologie fabuleuse qu'on vient de lire. Nous répétons que Louis XIII accepta la dédicace de l'abrégé qui nous a servi de guide principal, et dont nous avons reproduit tout le fond.

Ce qui suit Pharamond se trouve dans toutes les histoires de France usuelles.

En nous arrêtant ici, nous soumettrons une remarque au lecteur. C'est que tous ces rois, placés à la file depuis les enfants de Noé, ne sont pas des personnages imaginaires. Tous, en effet, ont régné sur des États plus ou moins étendus. Un savant artiste, qui habite la province, a recueilli d'à peu près tous des monnaies qui forment un cabinet précieux. De vieux érudits ont conservé leurs noms, qu'ils n'ont pas fabriqués. — Mais vingt de ces rois, que l'on couronne les uns après les autres, régnaient en même temps, les uns à Troyes, les autres à Chartres ou à Provins, à Reims, à Châlons, à Rouen, etc. Du temps où César envahit les Gaules, on y comptait plus de soixante rois. En les disposant par succession, on a fait une généalogie, qui donne la mesure de ce que nous devons penser des vieilles dynasties chinoises, indiennes, égyptiennes, lesquelles ont certainement la même solution. Ainsi, en Égypte, on a rangé à la suite les uns des autres trente petits rois qui régnaient à la fois dans trente médiocres localités; et on a rempli cinq ou six siècles de ce qui n'a occupé réellement que quinze à vingt ans.

Sur de tels fondements, des savants, d'une nature exceptionnelle, ont bâti des systèmes, pour ébranler les données vraies qui établissent les âges du monde.

TABLE DES MATIÈRES

PUBLICATIONS

DE LA SOCIÉTÉ DE SAINT-VICTOR

POUR LA PROPAGATION DES BONS LIVRES

Abrégé de la vie du B. Jean de Britto, par le R. P. Prat, de la Compagnie de Jésus. In-16 de 90 pages, 50 c.

Les **Anabaptistes**, histoire du Luthéranisme, de l'Anabaptisme, et du règne de Jean Bockelsohn, à Munster, par M. le vicomte de Bussierre; vol. in-8° de 500 p., avec figures, 5 fr.

Arras et ses monuments, sommaire historique et statistique. In-4°, 60 colonnes, 30 gravures, 50 c.

Les **Aventures de maître Adam Borel**, avec quelques autres récits du temps des Gueux, par J. Collin de Plancy. 5e édit., petit in-8° de 300 p., gr., 1 fr. 80 c.

Les **Aventures de Tyll'Espiègle**, colligées par J. Loyseau, avec 60 gravures de Paul Lauters, de Richter de Dresde, et d'autres artistes; 5e édition, petit in-8° de 180 p., 1 fr. 50 c.

Les **Belles paroles des Saints**, recueil publié par M. l'abbé Blampignon, curé de Plancy; in-16 de 140 p., 50 c.

La **Bible en Images**, histoire abrégée de l'Ancien et du Nouveau-Testament, par M. l'abbé Jorry; petit in-8° de 550 p., 144 gravures, 1 fr. 80 c.

Bibliothèque à un sou. Il reste de cette petite collection plusieurs petits ouvrages qui servent d'appoint aux comptes que l'on veut arrondir. On vend toujours séparément à un sou le *Sommaire de ce que tout chrétien doit croire, savoir et pratiquer*, et *Une Conversion extraordinaire* obtenue aux États-Unis par la récitation d'un *Memorare*.

Bibliothèque d'Émula-

tion. 1re série. 25 vol. in-32 : Alexis Boutteaux. La Conception Immaculée. Dévotion à la sainte Famille. L'Esprit de Prières. L'Homme au masque de fer. Histoire d'un petit Duc de Brabant. Imitation de l'Enfant Jésus. Légende de sainte Julé. Légende de saint Eustache. Légende de sainte Geneviève. Légende de saint Gond. Légende de saint Julien le bon hospitalier. Légende de saint Roch. Litanies de l'Eucharistie. Le Modèle des Soldats. Les Quatrains de Pierre Matthieu Les deux Robinsons. Le Testament de Jésus-Christ. Les Vertus de la Sainte Vierge. Vie de sainte Enimié. Vie de saint Fiacre. Vie de sainte Savine. La Vie et la Mort d'Hubert Gillet, etc. Les 25 volumes ensemble, 5 fr.

Bibliothèque d'Émulation. 2e série. 15 vol. in-16 : Une Antipathie, drame pour les jeunes filles. Le Chemin de la Croix, avec les stations gravées. Les deux Cousins, drame pour les jeunes garçons. Le Fondateur du Christianisme, par Bossuet. Histoire de Joseph. Manuel à l'usage des écoles rurales, avec gravures. Les Mères réconciliées par leurs enfants, drame pour les jeunes filles. La Petite Glaneuse, drame pour les jeunes filles. Le Repos du Dimanche. Swinton et Gordon, ou l'oubli des injures, drame pour les jeunes garçons. Vie abrégée de Notre-Seigneur Jésus-Christ, etc. Les 15 volumes ensemble, 2 fr. 25 c.

Bibliothèque d'Encouragement. 50 vol. in-32 : Alexis Grimou. Les Amitiés. Aventures de Pigault-Lebrun. Le docteur Bertin. Le grand Cadran de Malines. La Chair salée de Troyes. Chansons. Château de Gaesbeck. Le Cimetière de Saint-Médard. Le Clerc du Prévôt de Paris. Le Colonel Touquet. La Comédienne. Chasseboeuf. Lalande. La fréquente Communion. La Douceur et la Patience. Le Droit d'Asile. Dulaure. Le Garçon de Noces. Le Géant de Liége. Histoire de Julien-l'Apostat ; — du pape Grégoire VII ; — de Ponce-Pilate ; — de Jeanne d'Arc ; — de l'Église française ; — des Saints-Simoniens. L'Horoscope du vieux Juge. Jeanne Maillote. Jésus enfant. Légende de sainte Aléna ; — de sainte Barbe ; — de sainte Catherine ; — de saint Nicolas. Le Lit de Justice de Guillaume-le-Bon. Le Livre de Communion. Condorcet. Maximes Éternelles. Parny. Le Perroquet du Marchand de Cuirs. La Rade de Nieuport. Sylvain Mareschal. La Vie de saint Alphonse de Liguori ; — de sainte Angèle de Mérici ; — de saint Désiré ; — de saint François de Sales ; — de sainte Godelive ; — de saint Joseph ; — du B. Nicolas de Flue ; — de saint Paul, premier ermite ; — de saint Vincent de Paul. — Prix des 50 volumes, 5 fr.

Les **Biens de l'Église,** comment on met la main dessus, et ce qui s'ensuit, par le baron de Nilinse; 2e éd., in-16 de 120 p., 40c.

Blanche de Selva, suivie d'*Une Prévention*, par Mme Mathilde Tarweld; in-16 de 160 pages, 50 c.

Cacographie Nouvelle, avec son corrigé, par M. l'abbé Charpentier; 2 vol. in-12, 1 fr. 50 c.

Cantique universel, traduit de l'italien du P. Segneri, avec la musique; in-18, 15 c.

La **Caserne et le Presbytère,** par M. le comte Anatole de Ségur. In-16 de 256 pages; 6e édition, 60 c.

Catéchisme de controverse, par le P. Scheffmacher; petit in-12 de 188 p., 80 c.

Catholicisme et Protestantisme, par M. Foisset; 2e édit., in-8o de 340 p., 2 f. 50 c.

Chants nouveaux à Marie, avec musique; — suivis des Cantiques de Mai. In-4o de 40 p., 2 col., avec deux grandes miniatures or et couleurs, 1 fr. 50 c.

Charité mène à Dieu, par M. Adolphe Archier, 3e édition, in-12, 4 grav., 1 fr. 50 c.

Charles-Martel, histoire des maires du palais, par le baron de Nilinse; in-18, 116 p., 40 c.

La **Chasse aux Prêtres,** profils de ceux qui la font, et ce qu'ils en retirent, par le baron de Nilinse. 2e édit.; in-16 de 124 p., 40 c.

Le **Chemin de la Croix,** exercices variés pour faciliter l'usage de cette dévotion, etc., par M. l'abbé Pinart; 3e édition, avec 16 gravures; in-16 de 180 p., 60c.

Chemin de la Croix, édition populaire, in-16; avec les stations gravées, 10 c.

Le **Chemin de la Perfection,** aphorismes et règles sommaires pour les âmes dévouées, par le P. Eusèbe de Nieremberg; in-16, 50 c.

La **Chronique de Godefroid de Bouillon et du Royaume de Jérusalem,** par J. Collin de Plancy; petit in-8o de 250 p., 5 gr., 1 fr. 80 c.

Cinquante Proverbes, causeries familières et chrétiennes, dédiées aux sociétés d'ouvriers, par M. Eugène de Margerie; in-16 de 436 pages, 60 c.

Conformité de la Foi Catholique avec l'Église primitive, etc., par Mgr Doney, évêque de Montauban; in-18 de 180 p., 50 c.

Les **Déceptions d'un Républicain,** par M. Bordot. In-12 de 240 p., avec 8 portraits contemporains, 1 fr. 50 c.

Les **Délassements de la Soirée,** drames sacrés de Métastase, traduits par M. l'abbé Pinart; 2e éd., petit in-8o de 280 pag., 1 f. 50.

La **Dernière Vestale,** ou le Sérapéon, épisode du quatrième siècle, par M. Brasseur de Bourbourg; 2e édition, petit in-8o de 300 p., 1 fr. 50.

Dévotion à la Sainte Famille, par M. l'abbé Charbonnel. In-32 raisin, 20 c.

Dictionnaire Infernal, ou répertoire universel des êtres, des personnages, des livres, des faits et des choses qui tiennent aux sciences occultes, à la magie, aux sorciers, aux démons, aux grimoires, au commerce de l'enfer, aux apparitions, aux divinations, à la cabale et aux esprits élémentaires, à l'alchimie et au grand œuvre, aux pronostics, aux prodiges et aux impostures, aux arts des Bohémiens, aux erreurs et aux préjugés, aux superstitions, et généralement à toutes les fausses croyances, merveilleuses, surprenantes, mystérieuses ou surnaturelles, — par J. Collin de Plancy. 1 beau et fort volume, grand in-8o sur deux colonnes, 582 pages, nouvelle édition, 7 fr. 50 c.

Dieu est l'amour le plus pur, choix de prières approuvées, gravures en bistre, in-16 de 212 p., 2e édit., 60 c.

Documents nouveaux sur l'Apparition de la Salette, et ses suites, — par M. l'abbé Lemeunier, auteur du *Pèlerinage à Notre-Dame de la Salette;* in-16 de 180 p., avec la gravure de l'église, 60 c.

Les **Douze Convives du Chanoine de Tours,** légendes variées, par J. Collin de Plancy 1 beau vol. in-8o de 400 p., avec 2 miniatures or et couleurs, 4 fr.

Esquisse d'une théologie, imprimée par ordre de Mgr l'Évêque de Saint-Flour, pour l'usage des séminaires. 2 vol. in-8o, ensemble de 890 pag., 5 fr.

Essai historique et monographique sur l'ancienne Cathédrale d'Arras, par M. A. Terninck, membre de la commission des antiquités départementales du Pas-de-Calais, et de plusieurs sociétés savantes; in-4o accompagné de 25 planches, dont 3 doubles, 3 f.

Essai historique sur l'Immaculée Conception, par M. E. Daras; in-18, fig., 40 c.

Essais de Montaigne, édition épurée, imprimée en orthographe régulière, avec une notice, par M. l'abbé Musard; 1 vol. in-8o de 530 p., 5 fr.

Examen et discussion amicale de cette question: — *Les ministres de la réforme peuvent-ils, en conscience, promettre l'espérance certaine du salut, par Jésus-Christ, aux peuples de leur communion*, par S. G. Monseigneur Doney, évêque de Montauban; in-8o de 340 p., tiré à petit nombre, 4 fr.

Les **Exemples de la Sainte Vierge,** Publié par Victor de Néri; in-16, avec 12 gravures, 30 c.

Explication des cérémonies de la Messe, par

le P. Lebrun; in-16 de 256 pag., avec les 56 fig. de la messe, 40 c.

Fables et poésies, par M. le comte Anatole de Ségur; in-16 de 500 pages, 1 fr.

Les **Fleurs de Marie,** par M. l'abbé Thiébaut, chanoine de Besançon; in-16 illustré, 30 c.

La **France et l'Église,** aperçus historiques sur la mission catholique de la France, par M. l'abbé Dret. 2e édition, in-16. 50 c.

Geneviève de Brabant, et quelques autres aventures du temps des croisades, par J. Collin de Plancy; petit in-8o de 260 pages, 9 grav., 1 fr. 80 c.

Le **Guide des Ames spirituelles,** ou les caractères de la vraie dévotion, par le P. Grou; grand in-32, 50 c.

Guirlande Catholique des douze mois de l'année. Fleurs de Janvier, le mois de l'Enfant-Jésus; Fleurs de Février, le mois du Cœur immaculé de Marie; Fleurs de Mars, le mois de saint Joseph; Fleurs d'Avril, le mois du Sacré-Cœur de Jésus; Fleurs de Mai, le mois de Marie; Fleurs de Juin, le mois du Saint-Esprit; Fleurs de Juillet, le mois du Saint-Sacrement; Fleurs d'Août, le mois de la Providence; Fleurs de Septembre, le mois de la sainte Croix; Fleurs d'Octobre, le mois des saints Anges; Fleurs de Novembre, le mois de la sainte Église; Fleurs de Décembre, le mois de Noel : légendes, élévations, prières, litanies, petits offices, etc., pour tous les jours de chaque mois, par conséquent pour toute l'année. 12 vol. in 32 raisin (1844 pag.), illustrés de miniatures en or et en couleurs, 6 fr.

Gustave, ou *l'Ange des petits Ecoliers*, par M. l'abbé Bernard; in-16, portrait, 40 c.

Harmonies sacrées, poésie de l'office divin, par M. l'abbé Pron; in-8o de 340 p., 5 grav., 5 fr. 75 c.

Heures paroissiales, selon le rite romain, avec les chants notés, grand in-18 de 650 pag., avec une miniature, 1 f. 50 c. Relié, 2 fr

Heures romaines latines et françaises, à l'usage des fidèles qui suivent le rit romain; contenant l'office complet de tous les dimanches de l'année et de toutes les fêtes. 2 vol. grand in-18, ensemble de 1,800 pag. Brochés 4 fr.; reliés en basane, 6 fr.

Histoire de France depuis les Gaulois jusqu'aux événements de 1789, par M. Georges Gandy, 2 vol. in-8o, ensemble de 1080 pages, 8 fr.

Histoire du B. Jean de Britto, de la Compagnie de Jésus, missionnaire du Maduré et martyr de la foi, rédigée sur des documents authentiques; 2me tirage, avec la bulle de béatification et une notice sur le P. Laynès; par le R. P. Prat, de la même Compagnie. 1 beau vol. in-8° de 580 pages, 5 fr.

Histoire de l'Empereur Napoléon Ier, par M. J.-G. Bordot; petit in-8° de 520 p., 27 gravures, 1 fr. 80 c.

Histoire chrétienne de la Californie, par Mme la comtesse de***. In-12 de 300 pages, 1 fr. 25 c.

Histoire d'Elisabeth, reine d'Angleterre, par Mme Mathilde Tarweld. In 12 de 224 p., 7 gr., 1 fr. 25 c.

Histoire de Marie Stuart, par Mme Mathilde Tarweld; petit in-8° de 260 p., 7 grav., 1 fr. 50 c.

Histoire du Règne de Louis XIV, par M. le comte de Lbcmarie. 2 beaux vol. in-8° ensemble de 824 p., 8 fr.

Histoire de saint Remi, pour servir à l'étude des origines de la monarchie française, par M. A. Aubert; in-18, 144 p., 50 c.

Histoire de sainte Radegonde, *et de la cour de Neustrie, sous les rois Clotaire Ier et Chilpéric*, par M. le vicomte de Bussierre; in-8° de 320 p., avec fig., 2 f. 50.

Histoire de saint Vincent de Paul et de son époque, par le même; 2 beaux vol. in-8° ensemble de 680 p., fig., 5 fr.

Histoire de la Guerre des Paysans au seizième siècle, par le même. 2 vol. in-8° ensemble de 680 p., avec carte et portraits, 6 fr.

Histoire de sainte Godelive de Ghistelles, légende du onzième siècle, par M. Louis de Baecker. 2e édit., in-16, 2 grav., 50 c.

Histoire de sainte Odile, patronne de l'Alsace, par le même. 12 gr.; 2e édit., petit in-8° de 228 p., 1 fr. 50 c.

La même, in-32 raisin, avec une miniature or et couleurs. 75 c.

Histoire du Canada, de son Église et de ses missions, écrite sur des documents inédits, par M. l'abbé Brasseur de Bourbourg, vicaire-général de Boston, membre de l'Académie de la Religion à Rome, etc. 2 vol. in-8° ensemble de 690 pag., 6 fr.

Histoire du Patrimoine de Saint-Pierre, depuis les apôtres jusqu'à nos jours, par le même. In-8° de 590 p., avec un portrait de Pie IX, 5 fr.

Histoire du Pape Alexandre VI, par M. l'abbé Jorry. 1 vol. petit in-12, 216 pag., portrait, 80 c.

Histoire du Pape Boniface VIII, par le même. 1 vol. petit in-12, portrait, 80 c.

Histoire du Pape Grégoire VII, par le même. 1 vol. petit in-12, portrait, 80 c.

Histoire du Pape Innocent III, par le même, in-12 de 320 p., avec portrait, 1 fr. 50 c.

Histoire universelle de l'Église et des Papes, par le même. In-12 de 470 p. compact, avec un portrait de Pie IX, 2 fr.

La même in-8°, 5 fr.

Histoire de Joseph. In-16. 3 grav., 20 c.

Histoire de la bonne Armelle, dédiée aux bonnes servantes. In-16, 1 grav., 20 c.

Les **Hommes de la Terreur** (Robespierre, Marat, Saint-Just, Danton, Camille Desmoulins, Collot d'Herbois, etc.); petit in-8° de 360 pag., avec 27 portraits et gravures, 1 fr. 80 c.

Images pieuses, avec prières. Le cent, 60 c.

Imitation de Jésus-Christ, traduite sur le manuscrit du B. Thomas à Kempis, par le R. P. Heribert de Rosweide, de la Compagnie de Jésus; suivie du formulaire de prières du R. P. Coton, de la même Compagnie. In-32 de 428 p., 1 fr. 25 c.

Instruction Pastorale sur le Pouvoir, à l'occasion du rétablissement de l'Empire, par Mgr Antoine de Salinis, évêque d'Amiens; in-16, 30 c.

Introduction à la Vie dévote, par saint François de Sales. Orthographe régulière, in-8°, 2 fr. 50 c.

Le même in-16, 472 p., 1 fr. 25 c.

Jacquemin le Franc-Maçon, légendes des sociétés secrètes, par Jean de Septchênes; petit in-8° de 360 p., 9 gravures, 4e édit., 1 fr. 80 c.

Les **Jésuites,** entretiens des vivants et des morts à la frontière des deux mondes, par J. Collin de Plancy. 4e édition, petit in-8° de 264 p., 10 gr., 1 fr. 50 c.

Les **Jésuites de Naples,** lettres sur l'expulsion des jésuites de Naples en Mars 1848, par le R. William Parceval Ward; traduit de l'anglais par L. Stephen Dubuisson, de la Compagnie de Jésus. petit in-8° de 72 p., 50 c.

Jésus en croix, tableau de Van Dick, gravé sur bois par W. Brown. In-4°, 20 c.

Jésus vivant dans le Prêtre, considérations sur la dignité du sacerdoce, par un ancien directeur de séminaire; petit in-8° de 380 pages. 2 fr

Le **Khalife de Bagdad,** ou l'Exilée, — scènes de la vie orientale au IXe siècle, — par M. Brasseur de Bourbourg; petit in-8° de 350 p., 1 fr. 80 c.

Leçons-Modèles de littérature (prose), recueillies par le baron de Nilinse; petit in-8° de 460 pages; 1 fr. 80 c.

Légende de Notre-Dame, histoire de la Sainte Vierge, d'après les monuments et les écrits du moyen-âge, par M. l'abbé Darras, 2e édition, très augmentée, petit in-8° de 500 pages, orné de 18 planches hors du texte, 3 fr.

Légende de saint Jean-Baptiste, par M. l'abbé Gauthier; in-18, 212 pages, 60 c.

Légende de saint Lucien, apôtre du Beauvaisis, par M. l'abbé F. Maillard, chanoine honoraire de Beauvais; in-18, 30 c.

Légende de sainte Marie-Madeleine, avec l'histoire

de son culte, par M. l'abbé Beausire. Petit in-12 de 180 p. avec une fig., 75 c.

La **Légende dorée des Prêtres et des Moines,** dévoilant leurs ruses et leurs finesses, par J. Loyseau. In-12 de 228 p., fig., 1 fr. 25 c.

Légende du Blasphème, par le baron de Nilinse. In-32 raisin, 15 c.

Légende du Dimanche, par le même, in-32 raisin, 15 c.

Légendes des sept Péchés capitaux, par J. Collin de Plancy. 5e édition, petit in-8o de 250 pages, 8 gravures, 1 fr. 80 c.

Légendes des Commandements de Dieu, par le même; petit in-8o de 250 p., 11 gravures, 1 fr. 80 c.

Légendes de la Sainte Vierge, par le même; nouvelle édit., vol. in-8o de 400 p., avec 2 miniatures or et couleurs, 4 fr.

Légendes de l'Histoire de France, par le même; un vol. in-8o de 400 p., avec deux miniatures or et couleurs, 4 fr.

Légendes des Origines, par le même; un beau vol. in-8o de 400 p., avec deux miniatures, etc., 4 fr.

Légendes du Juif-Errant, par le même; un vol. in-8o de 400 p., deux miniatures, 4 fr.

Légendes des Philosophes, par le neveu de mon oncle; 5e édition, in-16, 1 fr.

Légendes intimes, — par Mme Mathilde Tarweld; petit in-8o de 340 pages, avec gravures, 2e édition, 1 fr. 50 c.

Livre-Album des Familles, contenant: Légende du Dimanche; Physiologie du Cabaret, Légende du Blasphème; Physiologie du Socialisme; Béatrix de Clèves; Malices de Gribouille. Vol. in-4o de 128 p. à 2 col., 150 gravures, 1 fr. 80 c.

Livre d'Offices et de Prières, à l'usage des yeux fatigués. 1 vol. in-12 de 330 p., avec 60 gravures, 1 fr. 50 c.; relié, 2 fr.

Le **Livre d'or du Sacerdoce,** traité ascétique du saint Sacrifice de la messe, traduit du cardinal Bona, par M. l'abbé Pascal; in-18, 216 p., 80 c.

Mac-Grégor, scènes de la vie écossaise au dernier siècle, par M. Elliot de Saint-Oulph; petit in-8o de 320 p., 6 gr., 1 fr. 80 c.

Magasin Catholique Illustré, par une réunion de littérateurs et d'artistes. — Connaissances utiles, études sérieuses, redressements historiques, légendes intimes et récits piquants, articles curieux, lectures amusantes, toutes les matières, présentées sous des formes attrayantes, ont place dans le MAGASIN CATHOLIQUE ILLUSTRÉ, qui veut être varié et satisfaire à tous les goûts, en poursuivant sa voie, et en évitant de son mieux l'ennui et la pesanteur.

LE MAGASIN CATHOLIQUE paraît, depuis 1850, en 12 livraisons par année, grand in-8o

Une livraison par mois. — Chaque livraison de 80 colonnes (40 pag.). — Environ 500 gravures dans l'année.

Le tout formant à la fin de l'année un splendide volume album.

Prix : Pour l'année courante (1854), par la poste, port affranchi, 7 francs, payables en souscrivant.

Le Magasin Catholique illustré, pour l'année 1850, avec 500 gravures. In-8⁰ raisin. Mêmes prix.

Le Magasin Catholique illustré, pour l'année 1851, avec 500 gravures. In-8⁰ raisin. Mêmes prix.

Le Magasin Catholique illustré, pour l'année 1852, avec 500 gravures. In-8⁰ jésus. Mêmes prix.

Le Magasin Catholique illustré, pour l'année 1853, avec 500 gravures. In-8⁰ jésus. Mêmes prix. Prise aux bureaux de la Société ou chez ses correspondants, chaque année ne coûte que 5 fr. 20. c.

Mandements de Mgr Brulley de la Brunière, évêque de Mende; in-8⁰ jésus de 500 pages, avec un beau portrait, 5 fr.

Manfred l'Excommunié, par L. Letourneur; suivi de quelques redressements historiques; in-16, 150 p., 50 c.

Manuel des écoles primaires rurales. In-16, 20 gravures, 20 c.

Marie dans les Cieux, *Splendeurs célestes de la Sainte Vierge,* — par M. Paul Sausseret, curé de Dampierre de l'Aube; 2 forts volumes petit in-8⁰ ensemble de 750 p., 5 fr.

Médecine usuelle des familles, par le docteur Ensenada; in-16, 74 grav., 40 c.

Méditations sur la Vie de Notre-Seigneur Jésus-Christ, par saint Bonaventure, traduites par M. Lemaire-Esmangard; — in-12 de 444 pag., 2 fr.

Méditations toutes faites, à l'usage de ceux qui veulent entrer dans les voies de l'oraison. Publié par Victor de Néri; in-18, de 188 p., 50 c.

Mémoires du sire de Joinville, avec le portrait de saint Louis d'après un sceau de ce monarque, et celui de Joinville d'après la statue de M. Bra, au musée de Versailles, petit in-8⁰, 1 fr. 80 c.

Le **Ménétrier d'Echternach,** et quelques autres légendes d'artistes, par J. Collin de Plancy; 5ᵉ édition, petit in-8⁰ de 250 p., avec grav., 1 fr. 80 c.

Miss Wardour, ou l'Antiquaire, tiré de Walter Scott, par M. Elliot de Saint-Oulph; petit in-8⁰ de 520 pages, 6 grav., 1 fr. 80 c.

Mois de Marie, par M. l'abbé Pinart; in-16 compact, 60 c.

Motifs qui ont ramené à l'Eglise Catholique un grand nombre de protestants. Troisième édition revue et augmentée, par M. l'abbé Rohrbacher; petit in-12, d'environ 400 pages, 1 franc 80 cent.

Mulier Bonus, *Alphabet de la*

Malice des Femmes, répertoire d'anecdotes, de traits, et de témoignages, etc., — par J. Saint-Albin; petit in-8° de 216 p., avec 22 grav., 1 fr. 50 c.

Nécessité des Missions, lettre à un évêque, par saint Alphonse de Liguori ; in-18, 15 c.

Neuvaine au Sacré-Cœur de Jésus; emblèmes, prières, pratiques pieuses, par L.-J. Hallez. Magnifique recueil de vingt belles gravures, sur acier, avec texte explicatif. Grand in-8° jésus, glacé, 5 fr.

Notice sur la vie de deux serviteurs de Dieu (Pierre Godot et Louis Fournerot), prêtres du diocèse de Troyes, par M. l'abbé Auger ; in-18, tiré à petit nombre, 75 c.

Notice sur la vie et les vertus de l'humble servante de Dieu **Anna-Maria Taigi,** par Mgr J.-F.-O. Luquet, évêque d'Hésebon. petit in-12 de 240 p., 80 c.

Notre-Dame du Joyel, ou histoire légendaire et numismatique de la chandelle d'Arras et des cierges qui en ont été tirés, par M. Auguste Terninck, membre de plusieurs sociétés savantes. In-4° illustré de quatorze dessins gravés sur bois, de deux planches de médailles, et d'une miniature or et couleurs, d'après un manuscrit du XIVe siècle, 3 fr.

Œuvres choisies de Gessner (la Mort d'Abel, le Déluge, Idylles etc.), avec une notice par M. Aubert. In-12 de 240 p., 2 gr., 1 fr. 50 c.

Opérations de Dieu dans une âme généreuse, lettres d'une religieuse à son directeur. In-12, de 200 p., 1 fr.

Les **Paraboles** du Père Bonaventure Giraudeau. Beau volume in-12, de 260 p., avec 44 grav., 1 fr. 50 c.

Pauline, ou la jeune Aveugle, par M. l'abbé Hunckler ; in-16 figures, 40 c.

Pèlerinage à la Salette, *en septembre* 1848, par M. l'abbé Lemeunier ; in-18, 8e édition, grav., 50 c.

Le **Pèlerinage de Christian,** traduit de l'anglais de John Bunyan, et le *Pasteur de la nuit de Noel*, traduit de l'espagnol de Palafox. In-16 de 252 p., avec 16 grav., 1 fr.

Le **Petit Jardin,** ou leçons d'une mère à son fils, suivi de *la Pièce d'or*, et d'autres contes pour la jeunesse, par M. l'abbé Pinart, chanoine honoraire de Beauvais. 2e édition, in-16 de 190 p., 60 c.

Petits traités sur la Religion, par le R. P. Millet, de la Compagnie de Jésus.

1° *Nécessité d'une religion révélée*, premier traité, petit in-12, 60 c.

2° *Vérité du Christianisme et divinité de son auteur*, 2e traité, petit in-12, 80 c.

3° *Autorité de l'Église Catholique*, 3e traité, même format, 80 c.

Les trois traités ensemble 540 p., 2 fr.

Physiologie du Cabaret. in-32 raisin. 15 c.

Prières Indulgenciées, illustrées d'encadrements et de vignettes. Le cent, 50 c.

Le **Prince malgré lui,** épisodes révolutionnaires du quatorzième siècle, par Nathanael Lenoir, in-18, 120 p , 40 c.

Psautier de la Sainte Vierge, traduit de saint Bonaventure, in-16 de 140 p., 50 c.

Quelques Scènes du Moyen-Age, légendes et petites histoires,—par J. Collin de Plancy; petit in-8° de 240 p , figures, 1 fr. 50 c.

Récits du temps passé, par le baron de Nilinse et quelques autres. In-16 de 220 p., 60 c.

Un **regard sur le Protestantisme,** par M. l'abbé Sené, curé d'Is-sur-Till ; in-8°, de 124 pages, 1 fr.

Règlement Sacerdotal, derniers conseils d'un père à ses enfants dans le sacerdoce par M. l'abbé Mollevaut, publié par un de ses élèves ; in-16, 20 c.

Le **Repos du Dimanche,** par M. Joseph Matthieu ; 4e édit., in-16, 20 c.

De la **Restauration du Chant Liturgique,** ou ce qui est à faire pour arriver à posséder le meilleur chant romain possible, p. M. l'abbé Cloët, curé d'Annay. 1 vol. in-8°, de plus de 400 p., 4 fr.

Le **Saint-Père,** — considérations sur la mission et les mérites de la Papauté, par M. le comte Théodore Schérer; traduit de l'allemand, petit in 12 de 320 p. avec le portrait de Pie IX, 1 fr. 25 c.

Le **Salut de la France,** par l'intercession de Notre-Dame-d'Espérance; grand in-32, 75 c.

Le **Sanglier des Ardennes,** suivi de quelques autres récits de la Hesbaie, par J Collin de Plancy; petit in-8° de 250 p., 6 grav., 1 fr. 80 c.

La **Semaine du Chrétien,** sanctifiée par la prière et la méditation, par M. l'abbé Charpentier. In-16 de 572 pag., 2e édit., 1 fr. 50 c.

Soirées chrétiennes, ou théologie du peuple, par M. l'abbé Gridel ; 7 vol. in-12, 10 fr. 50 c.

Sommaire de ce que tout chrétien doit croire, savoir, et pratiquer. 5 c. Le cent, 4 fr.

Souvenirs de retraite, feuillet avec vignettes. Le cent, 50 c.

Souvenirs, Récits et Légendes, par quelques écrivains de la Société de Saint-Victor; in-12 de 260 p., 1 fr. 50 c.

Testament d'un vieux laboureur, recueilli par M. G.-Symphor Vaudoré, ancien représentant de l'Orne. In-16, 60 c.

Théologie populaire, exposée dans le bon sens du curé Meslier (le véritable) ; in-16 de 250 pages, 60 c.

Traité complet des Indulgences, avec des pratiques

et des prières, par M. l'abbé D. Pinart, in-12 de 324 p., 2 fr.

Trésor de la Chanson, choix de chansons, romances, ballades, chansons singulières, etc., publié par Joannes Videbimus; in-16, 236 pag., 60 c.

Le **Trésor du Chrétien**, ou la science du salut en images, 52 dessins des élèves de Rubens, avec texte; in-16, 40 c.

Les **Tribulations de Robillard**, ou les honnêtes gens comme il y en a trop, par Jacques de l'Enclos, 2e édit. in-16 de 180 p., fig., 50 c.

Une Conversion miraculeuse, obtenue aux États-Unis par la récitation d'un *Memorare*; récit du P. S. Dubuisson, de la Compagnie de Jésus. In-16, 5 c.; le cent, 4 fr.

La **Vie de sainte Adélaïde**, tirée de saint Odilon; in-16 de 160 p., 50 c.

La **Vie de saint Éloi**, évêque de Noyon et de Tournay, par saint Ouen, évêque de Rouen, traduite et annotée par M. l'abbé Parenty, chanoine d'Arras. In-12 compact de 360 p., 1 fr. 50 c.

La **Vie de sainte Jeanne de Chantal**, fondatrice de la Visitation, — par M. de Roussel. In-18, fig., 136 pag., 50 c.

La **Vie de saint Privat** martyr, premier évêque du Gévaudan, par M. l'abbé Rabeyrolle. In-18, 2e édition, 50 c.

La **Vie de la Sainte Vierge** Mère de Dieu, avec un choix des légendes qui éclairent cette biographie sacrée, par J. Collin de Plancy. In-16 de 180 pag., 4e édit., avec figures, 60 c.

Vies des Saints pour tous les jours de l'année, traduites des légendes du bréviaire romain et de ses suppléments 2e édition, vol. petit in-8o d'environ 800 pag., 5 fr.

PLANCY. — Typ. de la Société de Saint-Victor. — J. Collin, imp. — Mars 1854.